オランダ・スウェーデンで出会った
12のマインドスイッチ

サステナブル×イベントの未来

大髙良和
電通ライブ
松野良史
電通ライブ
西崎龍一朗
ジャパングレーライン

宣伝会議

はじめに

私、思い返せばごみをたくさん出してきました。

「14000㎥」

これは、私が所属している会社が設立から約6年間で手掛けたイベントや展示会場などから排出した産業廃棄物、いわゆる「ごみ」の容積です。[*1] 1万4000立方メートルというと、いまひとつ想像しづらいかもしれません。産業廃棄物の内訳は、木・金属・

プラスチック・繊維・ガラス・紙など多種多様であり、これらを容積から重量に置き換えると[*2]約３６４０トン、ひと月あたり50トン近い「ごみ」を6年間出し続けている計算になります。私たち一社だけで、さらにたった6年という短い間に、これだけの量のごみを生み出しているのだから、業界全体で今までどれほどのごみを出してきたことでしょうか。さらには展示物の制作から運搬時にも、エネルギー消費や車両の排気ガスなど様々な環境負荷を生み出してしまっているわけです。

私がイベントプロモーション制作業界に入って以来約20年間、数多くのプロモーション制作に携わり、顧客企業やその先のステークホルダーの皆さまに、心から楽しんでもらえるプロジェクトを手掛ける機会を数多くいただいてきました。

こうしたイベントや展示においては、何カ月も前から企画し、空間を作り上げる一方で、数日の本番期間を経て終了後には跡形もなくなってしまいます。私たちイベント業界に身を置く人間にとっては、ステージが組み上がっていくにつれて実感が湧いてきますが、高揚感を感じるのはほんの束の間です。

リハーサルが始まり、本番が終わり、あっという間に解体・撤去が終わり、がらんどうになった会場を見ると「終わった！」という達成感を得ながらも、捨て去った産業廃棄物量に愕然としてしまうのです。

ごみを出すイベントならば、しないほうがいいのか？

ではごみをたくさん出すイベント自体、人々にとっては不要なものなのでしょうか？こんな疑問が浮かんできます。しかし、イベントの価値はごみの量だけで測られるものではないとも考えています。

実際にビジネスの現場では、コロナ禍という未曽有の体験をしてもなお、リアルイベントの活気が戻ってきています。つまりこれは、コミュニケーション領域の中でリアルイベントはとても大切な場であり、体験ということを通じてこそ伝達できる価値があるということなのだと実感します。

サステナブルな社会の実現を推し進めていく上でも、実はイベントが果たせる役割は大きいと私たちは考えています。

「イベントは多くの人に影響を与えることができる。サステナ機運を高める絶好の機会である。」

これは、国連のＳＤＧｓ（Sustainable Development Goals）のロゴのデザイナーとして知られるスウェーデンのクリエイティブディレクター、ヤーコブ・トロールベックさんとの会話の中でもらった言葉です。

だからこそ、イベントや展示などのプロモーション自体は環境に悪いのでやめてしまえということでなく、どのようにイベントを環境負荷や廃棄物の少ないものにするか、その上でサステナブルな社会の実現に向けてポジティブなインパクトを生み出すものにしていくのかという取り組みが、これからはとても重要になるでしょう。

はじめはビジネスチャンスを感じたから。でも本当は「競争」よりもまず「共創」

私が本格的にサステナブルを意識しだしたのは2年前、社内にプロジェクトチームが発足し、サステナビリティに配慮したイベントガイドラインの制作に関わったことがきっかけです。正直言うと、それまでは特段サステナビリティというテーマに高い関心があったわけではないのです。チームに参加することにした動機も、「サステナビリティ＝持続可能、じゃあビジネスを持続可能にするためにはこの領域でも稼いでいいってことだな！」と、自社のビジネス成長につなげる発想からでした。

しかし、イベントガイドラインの制作を始め、さらに同業の制作会社5社（丹青社、電通ライブ、乃村工藝社、博報堂プロダクツ、ムラヤマ）でサステナブルイベント協議会を結成したり、電通グループ内で「電通Team SDGs」などの活動に携わる人に出会って話していくうちに、サステナビリティに対しての意識が徐々に変わってきました。この領域は一社で抜け駆けして成立するものではない、収益性を確立する以前に、まずはイベント領域に携わる人たち全員で、サステナブルなイベントが当たり前の世の中をつくりあげなければならないんだと強く感じたのです。

つまり、「競争」の前に「共創」がとても大切なのです。そのために自分に何ができるのか。そう考えていたときに思いついたのが、イベントにおけるサステナビリティを追求していく中で得た、私たちの発見や学びを、書籍を通じて様々な人に共有し、お伝えしていくことでした。

オランダとスウェーデンに「サステナビリティ推進」視察の旅へ

本書は、私たちが2023年に実施したオランダとスウェーデンへの視察ツアーの内容を中心に構成されています。共著者であるジャパングレーラインの西崎龍一朗さんは、2020年からオランダに在住しており、日本の老舗イベントエージェンシーの中にありながら、サステナブルイベントネットワークとサステナブル事業部を立ち上げている方です。

西崎さんからオランダの先進事例をたびたび聞いているうちに「日本のイベント業界のサステナブル推進の一歩になるのでは」という思いがふつふつと湧いてくるのを感じました。こうして、オランダ・スウェーデンでのサステナビリティづくしの旅が決まったのです。

のべ24カ所を視察し、第一線の取り組みを行う14企業にインタビューをする中で、私たち自身が考えを塗り替えられるような体験を何度もし、また、これからのイベントを考えていく上で心に留めておくべき素晴らしい言葉の数々に出会うことができました。ここで得た学びを、この本に凝縮してお伝えしたいと思っています。

世界初都市計画に
サーキュラーエコノミーを取り入れた国オランダ

オランダは、２０１６年に国として世界で初めてサーキュラーエコノミーの国家戦略「Circular Dutch economy by 2050」を発表したサーキュラーエコノミー先進国です（サーキュラーエコノミーについては、第1章で改めて説明します）。また、首都アムステルダムも、２０２０年に同じく世界で初めてサーキュラーエコノミー戦略を公表した都市です。

２０１６年に公表された国家戦略のなかで、オランダは２０５０年までに１００％サーキュラーエコノミーを実現することを目標に掲げました。資源に乏しくとも巧みな商売力で高い経済力を誇ってきたオランダの背景を考えれば、世界に先んじてこうした舵取りをしたことにも頷けます。以降、企業、政府、教育機関やＮＧＯまでが足並みを揃えて取り組み、国をあげてサーキュラーエコノミーの実現に向けて動き出しています。

オランダのサーキュラーエコノミーへの取り組みのなかで特徴的なのは、スタートアップの活躍です。これは、２００８年のリーマン・ショック以降、経済の立て直しを図るために、大企業を主軸に置かずスタートアップを推奨する政策が取られたことが影響しています。

アムステルダム市も、国家戦略に合わせて2050年までに完全サーキュラーエコノミーに移行することを宣言しています。重点分野に食と有機廃棄物、消費財、建築を据え、先進的なプロジェクトを数多く走らせる一方で、取り組む中で得た発見や教訓をまとめて公表、システミックチェンジ（システム自体から変えていくこと）のための実証実験の実施や、サーキュラーエコノミーへの移行を加速させるための自治体の役割を明確にすることなどが、具体的にレポートされています。

さらに同市は、市内に流入する資源と出ていく資源を可視化して、環境負荷や廃棄物の発生原因をつきとめるための「アムステルダム・サーキュラー・モニター」を確立して運用を開始しています。ここで得た知見は、オランダの中央政府に還元され、オランダ全体のサーキュラーモニター確立のために活かされています。

合理的な国民性もサーキュラーエコノミーには追い風

文化的に合理的と表現されることの多いオランダで選ばれる製品・サービスの特徴は

「安い・面白い・実用的」。製品・サービスがいかにＳＤＧｓやサステナビリティに貢献すると言っても「高い・ダサい・不便」だと選ばれ続けることはありません。ここにも、サステナビリティをもう一歩前進させるヒントが詰まっているのでしょう。

もう一点言及したいのは、オランダらしい「Learning by Doing（やりながら学ぶ）」アプローチです。これは前例のない活動も実験的に取り組むというオランダ人にとって欠かせない考え方になります。前例がないからこそ、前例のないアプローチを行うことで、世界初の取り組みやプロジェクトを生み出す。そうした変革の土壌が根づいているのです。

環境・福祉国家のスウェーデン

スウェーデンはグリーンテクノロジー、クリーンエネルギー、サーキュラーエコノミーの先進国です。２０１６年に国として、２０３０年までにエネルギー効率を50％向上させ、２０４０年までに発電すべてに再生可能エネルギーを用いるという目標を設定しました。さらに、世界の多くの国が２０５０年までの目標を掲げる中、それよりも5年も前倒しする形で、２０４５年までに温室効果ガスの排出量を実質ゼロにするという野心的な計画も立てています。

さらに、成熟した福祉国家でありながら、デザイン性の優れた商品やサービス、コミュニケーションなども特徴的です。

こうした取り組みを支えるのは、行き届いた環境教育。環境科学、エコロジー、廃棄物管理、再生可能エネルギーなどの科目が義務教育のカリキュラムに組み込まれており、今後の社会を担う子どもたちは、環境問題や社会的責任について自然と学び・考え、持続可能な未来をつくるためのマインドセットを身につけています。鮮烈なスピーチで一躍有名になった環境活動家のグレタ・トゥーンベリさんもスウェーデン出身です。

このように、国家戦略として包括的で先進的な取り組みをリードするオランダと、福祉国家として当たり前にサステナビリティがインストールされているスウェーデン。経済的価値を生み出しつつも、廃棄物や温室効果ガス排出量削減、そして社会と環境の課題を解決していくための方法を模索するために、今回この2カ国を視察したのです。

オランダとスウェーデンでの学び、重要なのは意識を根づかせる「自分ゴト」化

オランダ・スウェーデンのサステナブル施設、取り組み、現地の人たちとのディスカッションを通して、日本はまだまだサステナビリティについての意識の根づきが浅いと実感しました。

その一方で、「もったいない」という言葉があるのは日本だけであるという事実や、伊勢神宮の式年遷宮などはサーキュラーエコノミーの考え方に即していることなど、実は日本人にとっても、これまで言語化こそされることが多くなかったものの、非常に身近にサステナビリティの概念や意識が根づいていることにも気づかされました。

環境負荷を下げ、社会や環境へのポジティブな影響を最大化するために必要なのは自分ゴト化、すなわち、自身のなかの「サステナマインド」のスイッチを入れることだと考えています。本書が、読者の皆さまのスイッチをパチン！と入れるきっかけになれば幸いです。

著者を代表して　大髙良和

＊1　電通ライブが発注している東明興業のマニフェストから
＊2　公益財団法人日本産業廃棄物処理振興センターの換算表を参考に設定

第1章

「サステナビリティ」への配慮は「当たり前」の時代へ

第3章 サステナブルイベント実現のヒント「マインドスイッチマップ」

マインドスイッチ 03
「イベント」は短期決戦 →？

マインドスイッチ 04
イベントは「何をやるか」から考える →？

マインドスイッチ 05
まず環境負荷低減の方法を考える →？

マインドスイッチ 06
初めから完璧にやらないといけない？

マインドスイッチ 07
「3R」の実践が大事

マインドスイッチ 08
まず取り組むべきはプラスチック

第4章 国内イベントのアップデートに向けた取り組み

第1章

「サステナビリティ」への配慮は「当たり前」の時代へ

本章では、サステナビリティの基礎知識や関連用語を解説していきます。何となく聞いたことがあるがよく知らない、という方には、それぞれの考え方や言葉が注目される背景や成り立ちを知っていただけると思います。この辺りの話はわかっているという方は第2章、第3章から読んでいただいても大丈夫です。

そもそもサステナビリティって？なんで大切なの？

サステナビリティには「環境」「社会」「経済」の3要素が含まれる

イベントに限らず、そもそもなぜ最近ではＳＤＧｓやサステナビリティなどの言葉を当たり前のように聞くようになったのでしょうか。

サステナビリティとは、本来「持続可能性」を意味し、その概念には環境、社会、経済の３つの要素が含まれます。

1. 環境的持続可能性：自然環境を保護し、次世代にわたって利用可能な状態を保つこと。

2. 社会的持続可能性：公平な社会を作り、人権を尊重し、コミュニティの健全な発展を促進すること。

3. 経済的持続可能性：経済成長を促進しつつ、資源の効率的な利用を図り、長期的に安定した経済を維持すること。

サステナビリティは、これらの要素が相互に関連し合いながら長期的に存続可能な状態であることです。これまで、私たち人類は「経済的持続可能性」に偏った開発を行ってきました。だからこそ、今まで見ようとしてこなかった環境的持続可能性と社会的持続可能性について取り組むことが求められているのです。

環境的持続可能性への取り組みは、今や国家戦略

環境、社会、経済の3つの要素の中でも、環境には気候変動という地球全体の危機が差し迫っています。このまま温暖化対策を追加しない場合には、産業革命前（1850〜1900年）と比べて21世紀末（2081〜2100年）の世界の平均気温が最大で5・7度も上昇すると予測されています。将来私たちの子ども世代の天気予報では「東京は今日は45度を超えるでしょう」などと言われている可能性があるということです。

自然災害のリスクは上昇し、南極やグリーンランドなどの氷床が溶け、結果海面は大幅に上昇。あらゆる生態系を破壊し、私たちが住む土地まで海に沈むことも予想されて

います。取り巻く環境が崩壊すれば、個々人の暮らしは脅《おびや》かされ、ビジネスも当然存続の危機にさらされます。

経済活動や満たされた暮らしを今後長く続けていくためには、経済的な利益だけでなく環境的な影響も考慮した、つまりサステナブル（持続可能）なやり方を模索するしかありません。

こうした流れをくみ、２０１５年に開催されたＣＯＰ21（国連気候変動枠組条約第21回締約国会議）で、パリ協定が採択されました。このパリ協定は、地球の平均気温上昇を産業革命以前に比べて２度より十分低く保ち、１・５度に抑える努力をすることへの合意です。上昇を可能な限り１・５度、高くても２度までに留めることができれば気候崩壊をぎりぎりで食い止められるとされていることが根拠となっています。その後、２０１８年の気候変動に関する政府間パネル（ＩＰＣＣ）において、気温上昇を約１・５度に抑えるためには、２０３０年までに２０１０年比で世界全体のＣＯ２排出量を約45％削減することが必要という知見が示されました。

気温上昇幅を１・５度以内に留めるためには、世界全体の温室効果ガスの排出量を２０５０年までに正味ゼロにする必要がありますが、現状では２０２０年以降の各国が提出した削減目標を全て積み上げても１・５度はおろか２度目標をも実現できないことが明らかになっており、抜本的な世の中やビジネスの仕組みの改革が急務なのです。

日本においては２０２１年4月に米国主催の「気候サミット」で当時の菅《すが》総理大臣が「２０５０年カーボンニュートラルを、そして２０３０年度に温室効果ガスを２０１３年度比で46％削減することを目指す」と表明しました。当初掲げていた２０３０年度の削減目標26％より20％高い、46％という野心的な目標を掲げたことで注目されました。

さらに２０２４年5月には、岸田総理（当時）が２０４０年を見据えた脱炭素国家戦略を年内に策定するよう指示しました。これは、半導体工場やデータセンターの誘致による電力需要増加への対応と、長期的な視点からの脱炭素電源確保と産業政策の一体化を目指したものです。具体的には、エネルギー基本計画の改定、ＧＸ産業立地の検討、排出量取引制度の詳細設計などが進められます。

この戦略は、脱炭素化と経済成長の両立を図る岸田政権のＧＸ推進戦略をさらに発展させたものです。日本は、今や明確にカーボンニュートラル達成を推進する国家のひとつとなっているのです。

それでは、こうした動きは企業にとってどのような意味を持つのでしょうか。

企業に次々課されるようになった「義務」

気候危機を回避するための温室効果ガス削減は、その大部分を排出している企業の努力と協力なくして達成することはできません。このため、企業の環境課題に対しての取り組みを可視化し評価することで、正しい取り組みを進める企業を評価できるよう、様々な枠組みが生まれています。

企業の環境への取り組みに関する情報を開示するCDP（Carbon Disclosure Project）や、気候変動に対するリスクと機会を投資家に向けて開示するTCFD（Task Force on Climate-related Financial Disclosures：気候関連財務情報開示タスクフォース）、企業などが自然への依存度や影響を評価、報告するための国際イニシアチブTNFD（Taskforce on Nature-related Financial Disclosures：自然関連財務情報開示タスクフォース）などのフレームワークを活用して、自らの取り組みの開示・観測・改善に努めるなどといった動きが例に挙げられます。

また、EUではCSRD（Corporate Sustainability Reporting Directive：企業サステナビリティ報告指令）が導入されるなど、今や温室効果ガス削減に向けた抜本的な取り組みと開示がセットで行われることは企業にとって避けられないだけでなく、逆にこうした局面で積極的に先陣を切って取り組むほど、リスクを減らし競争力を強化することにつながるという段階にまで至っています。

実際に日本企業にとってもこの流れは例外でなく、日本に本社を置く多国籍企業や上場企業の多くは2050年までには温室効果ガスの排出をゼロにする「脱炭素」の目標を公約しています。

この流れで、ISSB（国際サステナビリティ基準審議会）が国際的なサステナビリティ開示基準を2023年6月に世界に向けて公表していますが、日本でもSSBJ（サステナビリティ基準委員会）が2025年3月までに開示基準の最終化を目指しており、以降は開示が任意適用となり、2027年3月期から段階的に強制適用にシフトしていきます。

第4章で詳しく触れますが、イベントを計画・実行する企業にとってもこの流れは他人ゴトではありません。実際に、取引先の企業から環境配慮に関する要望を受けることが多くなってきたと感じる人も多いのではないでしょうか？ 今後は、「何か取り組みをできれば良い」ではなく、「取り組まなければ仕事をもらえない」状況へと変わっていくでしょう。今私たちが考えなければいけないことは、取り組むべきか否かではなく「どう取り組むのか？」。温室効果ガス排出量を可視化し、削減するための具体的なソリューションを提案することが、ますます求められるようになるはずです。

脱炭素を達成するには、温室効果ガス削減+サーキュラーエコノミーが必要

先述の通り、私たちすべての企業や個人がサステナビリティに取り組まなければならない理由は、気候崩壊の危機を回避し1・5度以内の気温上昇に留めるために、温室効果ガス排出をなくし、脱炭素化する必要があるからです。しかし、温室効果ガス排出を削減するだけでは、脱炭素化することはできないことがわかっています。

国連環境計画（UNEP）の報告書「Emissions Gap Report 2019」によれば、再生可能エネルギー利用の拡大やエネルギー効率が向上しても、全体のうち39%の排出量削減は達成できないと指摘しています。そして、同報告書内で、この39%はサーキュラーエコノミーの実現によって達成できるとも記されています。日本の環境省の資料[*3]のなかでも同様に、温室効果ガス排出量のうち36%は資源循環の取り組みによって達成できることが言及されています。

イギリスに拠点を置き、サーキュラーエコノミー実現に向け世界を牽引するエレン・マッカーサー財団は、サーキュラーエコノミーを次のように定義しています。

「サーキュラーエコノミーとは、資源が廃棄物にならず、自然が再生されるシステムです。製品や資源は、メンテナンス、再利用、改修、再製造、リサイクル、堆肥化などのプロセスを通じて循環し続けます。サーキュラーエコノミーとは、経済活動を有限資源の消費から切り離し、気候変動や、生物多様性の喪失、廃棄物、汚染などのその他の地球規模の課題に取り組むものです。」（エレン・マッカーサー財団ウェブサイトより・著者訳）

サーキュラーエコノミーは、特に産業革命以降台頭した現在の経済の仕組み、リニアエコノミーとの対比で表現されます。リニアエコノミーとは、大量生産・大量消費・大量廃棄を前提として資源が一方通行的にごみへと変わる、戻ることのないシステムです。無限に資源がある想定でなければ成り立たない仕組みです。しかし、実際の資源は有限で枯渇していくため、遅かれ早かれ崩壊してしまう経済の仕組みでもあります。

リニアエコノミーからサーキュラーエコノミーに移行するということは、資源は有限であると理解し、高い価値を保ったまま使い続け、ごみという考え方そのものをなくしてしまうことです。

欧州がサーキュラーエコノミーを経済成長戦略の中核に据え、「サーキュラーエコノミーパッケージ」を採択したのは2015年。日本においても、内閣府が2023年に「経済財政運営と改革の基本方針2023」のなかでサーキュラーエコノミーを成長戦略として掲げています。サーキュラーエコノミーシステムの構築に向けた検討タスクフォースが設置され、社会実装に向けた戦略や研究開発計画が検討されています。

サーキュラーエコノミーは、一社の取り組みだけでは実現することはできません。バリューチェーン全体の連携を促すため、経済産業省・環境省は2023年に「サーキュラーエコノミーに関する産官学のパートナーシップ」を立ち上げています。

経団連もこうした動きに呼応し、同年に「サーキュラー・エコノミーの実現に向けた提言」を発表、サーキュラーエコノミーの実現を企業の競争力強化につなげるための経営戦略・事業戦略だと位置づけました。内閣官房によってサーキュラー・エコノミー関連ビジネスの市場規模を、現在の約50兆円から80兆円以上にする目標も掲げられています。

＊3　中央環境審議会循環型社会部会（2022）「第四次循環型社会形成推進基本計画の進捗状況の第2回点検結果（循環経済工程表）」

サーキュラーエコノミーがイベントからごみという概念をなくす

このサーキュラーエコノミーの考え方を、イベントに取り入れるとどうなるでしょう。これまでのように「つくって・使って・捨てる」のではなく、資源や製品を最大の価値を保った状態で使い続ける姿が見えてきます。ごみという概念はなくなり、経済的にも、社会的にも、環境的にもメリットが最大化するでしょう。さらにその先には、イベント実施を通してその場所の生物多様性を回復する「リジェネレーション」の実現も見えてくるでしょう（「リジェネレーション」については、第3章で詳述します）。

イベントの場でこそ、DEIが欠かせない

次に、社会的持続可能性についての取り組みには、どのようなものがあるのでしょうか。その代表がDEI、すなわち、「ダイバーシティ（多様性）」「エクイティ（公平性）」「インクルージョン（包摂性）」です。

DEI（ディー・イー・アイ）：多様性、公平性、包摂性をまとめて表す言葉。特に、性のあり方や国籍、障害の有無、文化、年齢などの属性を優劣ではなく個性として捉え、不平等の是正はもちろん、それを起点としてあらゆる活動において成長や変化を推進する考え方を指す。

（参考：電通ダイバーシティ・ラボ編「アライアクションガイド2024-2025」）

ダイバーシティ（Diversity）：年齢、性別、民族、宗教、疾病、性自認、性的指向、教育、国籍等の違いを尊重すること

エクイティ（Equity）：情報、機会、リソースへのアクセスを、全ての人に公平に保証しようとするもの

インクルージョン（Inclusion）：どのような個人や集団であっても、歓迎され、尊重され、支援され、評価され、参加できるような環境を作ること

イベントは、企画・運営する側が意識しなければ、しばしば社会に存在する課題や歪みをそのまま映し出す縮図となってしまいます。例えば、宗教上の理由で食べられるものがないイベント。車椅子に乗った人が乗り越えられない段差があるイベント。「有識者」として見解を仰ぐ人の性別や人種などが偏り、一部の人にしか機会や未来を示さないイベント。こんな具合です。

日本では2016年、全ての国民が障害の有無によって分け隔てられることなく、相互に人格と個性を尊重し合いながら共生する社会の実現に向け、障害を理由とする差別の解消を推進するための「障害者差別解消法」が施行されました。事業者に対して、障害のない人と異なる取扱いをすることにより、障害のある人を不利に扱う「不当な差別的取扱い」を禁止するだけでなく、2024年4月からは、障害のある人から、社会の中にあるバリアを取り除くために何らかの対応を必要としているとの意思が示された時に、過重な負担にならない範囲で対応する「合理的配慮の提供」が努力義務から義務化されました。つまり、事業者側にもイベントへ参加の障壁になってきた仕組みを取り払っていく義務が課されたわけです。

この法律自体はイベントに特化したものではありませんが、イベントも社会も共に、多様なバックグラウンドを持つ人で構成されています。長期的により良い価値を生み出し続けるためにも、そして障害のある人もない人も互いにその人らしさを認め合いながら共に生きる社会（共生社会）を実現するためにも、DEIは決して欠かすことのできない視点です。

環境・社会・経済の3要素を包摂する国際目標「ＳＤＧｓ」

２０１５年に国連によって採択されたＳＤＧｓ（Sustainable Development Goals：持続可能な開発目標）は、環境・社会・経済の３つの要素を含む国際目標です。国連の加盟各国に対して、経済発展だけでなく社会や環境についての課題解決に取り組むことを、２０３０年を達成期限として求めています。17の目標と１６９のターゲットからなる国際目標で、貧困の撲滅、質の高い教育の普及、ジェンダー平等の実現、そして気候変動への対策など、「誰一人取り残さない」持続可能で多様性と包摂性のある社会の実現を目指しています。

２０２３年5月に電通がリリースした第6回「ＳＤＧｓに関する生活者調査」では「ＳＤＧｓ」という言葉の認知率（「内容まで含めて知っている」「内容はわからないが名前は聞いたことがある」を含む）は91・6％と、生活者の間での認知も非常に高くなっています。

ＳＤＧｓで特筆すべきは、17の目標それぞれについて理解を深め、どのように取り組めばいいのかを示した１６９のターゲットを設定している点です。噛み砕いた、行動に移しやすいターゲットがあることで、多くの人・企業は自分が具体的に取るべき行動をいち早く理解し、行動につなげやすくなっています。

このように高い認知度を誇り、様々なステークホルダー間で共通言語となるＳＤＧｓは、イベントにおいても力を発揮します。イベント開催には株主、取引先、サプライヤー、社員、来場者など様々なステークホルダーが存在します。ＳＤＧｓはこのような多様なステークホルダーに対して最もわかりやすい共通言語として活用することができ、取り組み内容を直感的に伝えることができます。

イベントは一つの会社内でも部署横断型でのコミュニケーションが発生します。サステナビリティに配慮したイベントを推進するうえでは、社内全体にサステナビリティの意識を浸透させ、時には意識改革を行うことが必要となります。こうした部署間での取り組みが、結果的に社内に新たなイノベーションやパートナーシップを生むこともあります。

繰り返しになりますが、イベントは多種多様な企業・組織が複雑に関係しあって成り立っています。一つのイベントを実施するにも様々なステークホルダーが存在しており、当然、何か一つ変えるだけでも多くの人の理解と協力を得ながら取り組まなければなりません。

逆に言えば、イベントは広範囲にわたってポジティブな影響のためのカタリストとしての役割も担うことができるのです。

私たちの目指す
サステナブルイベント

サステナブルイベントとは？

サステナブルイベントとはそもそもどんなイベントでしょうか。ジャパングレーラインが中心となって２０２１年に発足したサステナブルイベントネットワークでは、サステナブルイベントを次のように定義しています。

「イベント本来の魅力や価値を損なうことなく自然環境の保護と再生、健康で包括的な社会の促進、繁栄する経済の支援に向けた行動を取り入れ、様々な社会課題を解決する」

つまりイベントを行えば行うほどに経済・社会・環境にポジティブなインパクトが行

きわたることを目指しています。

また、イベントは社会における実証実験に適した場でもあります。数日から数週間の期間で、ある種「仮設のまち」をつくり、エネルギー・水・食・移動・資源そして廃棄物といった様々なことに対するチャレンジをみんなで行えます。小規模であり、期間限定であるからこそサステナブルで循環型のまちづくりに活かせる様々な要素を試すことができる「スモールスタート」には適した環境と言えます。こうした環境をヒントに社会全体に還元していく、それが私たちの目指すサステナブルイベントです。

日本のイベント業界における課題

イベント業界がサステナビリティに取り組む価値とポテンシャル

ここで、日本国内のイベント業界の現状についても触れていきましょう。「モノづくり大国」に象徴されるように市場規模が確立されている日本の製造業界と異なり、イベント業界の社会的地位の不確かさには歯がゆいものがあります（日本標準産業分類には、悲しいですが「イベント業」という言葉自体存在していません）。

そうした産業構造も少なからず影響している気がしますが、日本のイベント業界全体を見渡すと、クライアントと向き合った時に、イベントのプロフェッショナルたちは自らを横並びのパートナーではなく、縦並びで下請けの業者として構えてしまう、受け身体質であると感じるのです。もちろん全ての会社や人に言えることではありませんが、クライアントの言うことは絶対というような意識は業界に充満しているように思えます。

一方で、イベント産業に従事する人たちは、様々な会社／組織／産業と接する機会があり、日々の業務を通じて「つなぐ力」「巻き込む力」が自然に養われているように思えます。少々強引ですが、イベント起点で社会を変革できるポテンシャルを秘めている、と言い換えることはできないでしょうか。そのポテンシャルを信じ、受け身体質から脱却することで、社会を大きく変えていくことができる。今が潮目を変えるまさにチャンスの時だとも感じるのです。

イベントが社会にとって必要不可欠な産業と認められることで、イベント業界関係者の社会的地位も待遇も好転し、イベント産業自体が持続可能なものになっていく。サステナブルなイベントに私たちが取り組むもう一つのモチベーションが、ここにあります。

私たちはイベントが好きです。イベントを通じて生まれる感動の大切さを未来につないでいくため、業界一体となって、サステナビリティへの配慮に取り組んでいきたいのです。

COLUMN

泊まったホテルもサステナブル！

宿泊客からサステナブルな行動を引き出すデザインと仕組み

オランダへの視察ツアーで、実際の視察が始まる前に「サステナブル社会」を体感した場所があります。それが宿泊したホテル「The Social Hub Amsterdam City（ソーシャル・ハブ）」です。

アムステルダム中央駅からメトロで数駅、市街地へのアクセスも良い場所に立地しており、周辺にはスーパーやレストランやバーなども。観光客と住民とのバランスがとても心地良い雰囲気のエリアに、一見してデザイナーズホテルのようなポップなデザインが特徴のホテルがそびえ立っています。

元々学生向けの寮と旅行客向けの客室という2つの顔を持つ宿泊施設だったため、開業当初からThe Student Hotelという名称で親しまれていましたが、2022年にリブランディングを実施。Studentという言葉をなくすことで、学生のためだけの場ではないことを強調し、旅行者のためのホテル、学生のための住居、ビジネスパーソンのためのコーワーキングスペースを兼ね備えた新たなアイデンティティのホテルに生まれ変わりました。現在ではヨーロッパに17拠点あり、2030年までに50拠点に拡大する計画だといいます。

その名の通り、「ソーシャル＝社会」のハブとなることをコンセプトにしています。ロビーエリアは宿泊者だけでなく近隣住民にも開放されており、仕事をする人や勉強をする人、くつろぐ人など、思い思いの使

ポップなデザインで居心地の良いホテルロビーは、誰でも入って良く、
宿題や仕事をしにくる高校生やビジネスパーソンも多い。（写真提供：The Social Hub）

われ方をしているのに気がつきます。

私たちも少し打ち合わせをしようと席を取り、さすがにドリンクなどをオーダーした方がいいかと思いスタッフに「ドリンクを頼むのでこの席を使って良いですか?」と聞くと「ここは誰でも使って良いエリアだから、ドリンクをオーダーしてもしなくてもいいんですよ!」と笑顔で教えてくれました。

廃棄物管理やエネルギー効率の最適化などを積極的に行うサステナブルなホテルであることも特徴です。特に印象に残っているのは、ホテルの客室シャワーの一工夫です。実は、使用する水の量に応じてホッキョクグマくんが乗っている氷が溶けていき、最後には海に落ちてしまう仕掛けになっています。思わず助けたくなる(節水したくなる)演出です。

長いシャワーは環境に悪く、ホッキョクグマの生息域を奪うことにつながる――この見せ方の思惑通り、自分自身いつもより短めのシャワーに留め、こまめに止めるように心がけることとなりました。ホテル側の立場になって考えてみると、どんなにエネルギーや水の仕組みを効率化しても、宿泊している人たちがなんの考えもなしに長時間シャワーを浴びてしまってはその努力も水の泡です。できるだけ節水してくれた方が、コストも抑えられるわけです。

また、もうひとつ目を引いたのが、ホテル受付に突き出たパイプ。その名も「Join the Pipe」です。実はこれ、最近アムステルダムの街中でよく見かけるようになってきた水道直結型のウォーターサーバーなんです。

「Join the Pipe」。オランダでは日本と同様水道水が飲める。（撮影：西崎龍一朗）

専用のボトルも販売していますが、もちろん自分で持参したウォーターボトルに入れても構いません。ウェブサイトを見てみるとこう書かれています。「あなたの持っているそのボトルは世界一長い水道管の一部です。水のない人に水を届けるのに十分な長さが既にあります。世界に届けよう」（著者訳）。

アムステルダムには、このようについ行動を起こしてしまいたくなるような仕掛けが施されたホテルが他にもたくさんあるといいます。次はどのサステナブルホテルに泊まろうかと考えるのも、アムステルダムの楽しみ方のひとつではないでしょうか。

第2章

サステナビリティマインドを育むキーワード

私たちは、オランダとスウェーデンを視察する中で様々なマインドセットと、先入観を打ち破る「スイッチ」に出会いました。本章では、どのようなマインドセットがサステナブルイベントを実現するのか、それぞれの専門家にいただいた「ことば」とともにお伝えします。

KEYWORD

1
地下と地上
シンプルで明確なものさし

2
社会は変えられる
小学校の教科書にも載っている

3
クライメートスマート
日常会話から垣間見える気候変動への意識

4
アウトサイドイン
バックキャスト思考でアクションする

One Planet Café

ペオ・エクベリさん（左）と聡子さん（右）ご夫妻。ペオさんは取締役／サステナビリティ・プロデューサー、聡子さんはCEO／代表取締役社長を務める。

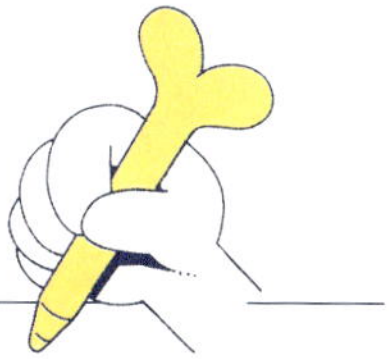

「One Planet Café」はスウェーデン・日本・ザンビアを拠点にしながら、サステナブルビジネスを支援する会社です。カフェという名前が社名についているものの飲食店を経営しているわけではなく、サステナブルな思考やビジネスについての講演や研修、視察ツアーの企画と実施、バナナペーパー作りを中心とした活動に従事しています。社名には、地球一個分の資源の中で、世界の人々や生きものとつながるという意味が込められています。２０１６年には世界フェアトレード連盟（ＷＦＴＯ）の発行する認証を取得、２０２０年には経済産業省「ＳＤＧｓに取り組む中小企業等の先進事例」の１社に選ばれています。

ペオさんと聡子さんに、どのような視点がサステナビリティの推進に大切なのかを聞くと、こんな答えが返ってきました。

シンプルで明確なものさし

地下と地上

これは、環境問題の明解な分岐点を理解するための考え方です。地上で、土に還すことができる以上に自然資源を採らなければ、問題なく循環できます。しかし、化石燃料などの地下のものを掘り起こして、プラスチックにしたり、燃やしてCO2を排出したりすることは、本来、地上では発生しえなかったものを生み出すことになります。このように地下から人為的に化石燃料を採りだすことは、環境問題を直接引きおこす行為なので避けるべきである、という考え方です。

私たち人間は、できるだけ早く「地下」のものから離れることが必要だといいます。例えば、地下の天然ガスを掘り起こして燃やすのではなく、地上に存在している、例えばバナナの皮を用いれば、そのメタンガスで車を走らせることができます。一本のバナナの皮に相当する量でバス一台が100メートル走ることができるといいます。これまでバナナの皮をただ捨ててしまっていたことが、ひどく悔やまれますね。

スウェーデンでは2005年から生ごみを埋立地に捨てることが禁止されています。生ごみをごみではなく、地上にある有機性資源として捉えているからです。捨てれば罰金を払わねばなりません。人類が生き残るかどうかの瀬戸際であることを理解し、国を挙げて危機意識が高いことがうかがえます。

こうした考え方を子どもたちに知ってもらうため、保育園や幼稚園の頃から、体験を通じた環境教育が行われています。リンゴ・紙・バナナの皮、アルミ、消しゴムなど、様々なものを板に釘で打ち付けて固定し、土に埋めます。6カ月後に先生と掘り

何が土に還るのか、幼少期に「地上・地下」の考え方を学ぶ。
（写真提供：One Planet Café）

起こして、何が土に還るのか、何が残っているかを確かめ、環境問題の分界点＝「地下・地上」の概念を学ぶのです。

地上と地下とは、なんとシンプルで明確なものさしなのでしょう。スウェーデンにおける「サーキュラー意識の定着」はこの段階から始まるのです。

小学校の教科書にも載っている
社会は変えられる

続いて、選挙投票率の話をしてくれました。日本の20代の投票率は30％台。一方で、スウェーデンでは同年代で80％を超えるそ

地下のものを掘り起こさなければ循環は可能。

うです。

スウェーデンの小学校社会科の教科書には、こんな言葉があります。「社会には法律や規則があって、私たちはそれに従わなければならない。しかし、すべての社会は変化するので、法律や規則は変わるものであり、自分がそれを変えたいと思えば、そのように努力すべきである」と。

つまり、自ら「社会は変えられる」ということが小学生の段階から刷り込まれているため、政治への関心やイノベーティブマインドが非常に高いのです。さらには「メディアは他人の情報を得るための道具としてよりも、人々が自らの情報を発信するための道具、すなわち民主制の道具である」

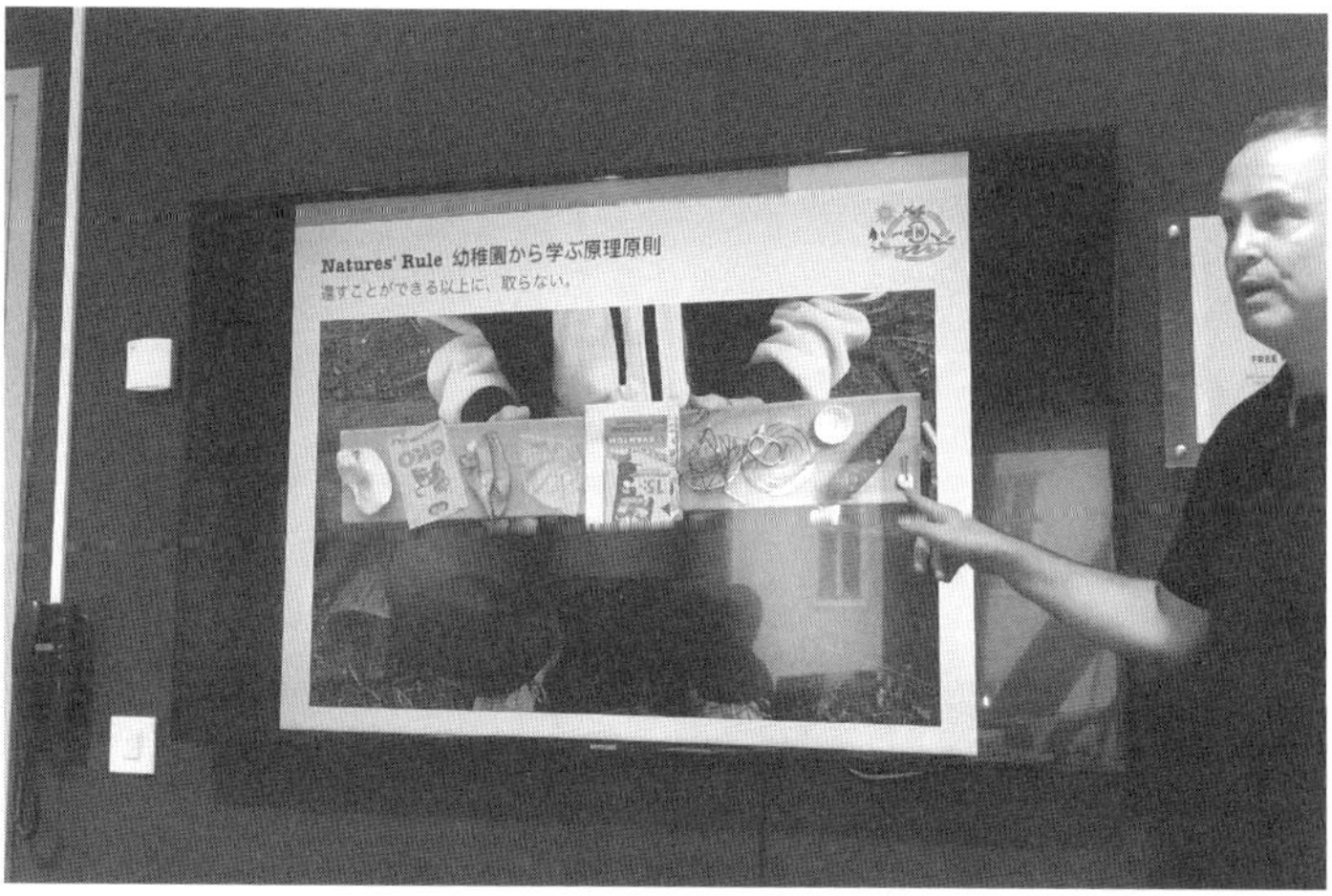

プレゼンテーション中のペオさん。

とも記されているとのこと。

例えば自分たちの憩いの場である公園や遊び場が閉鎖されそうになれば、メディアを利用して賛同者を集め、地元新聞に投書し、政治家に会い、デモによって意思表示をするように促しているのです。環境活動家グレタ・トゥーンベリさんの活動も、この言葉を聞くと納得感があります。

イベント産業全体・取引先・社内・友人・家族など、あらゆるコミュニティや場面で自らが教育者になり、語りかけていくことで、少しずつ世の中が変わっていくことを、スウェーデンの教育からは学ぶことができます。

日常会話から垣間見える気候変動への意識

クライメートスマート

スウェーデンでは会話の中に「クライメートスマート（Kilmatsmart）」という言葉がよく登場するそうです。この言葉には、心地よい引っ掛かりがあります。日本語に直訳すると「気候賢い」という聞き馴染みのない言葉になってしまいますが、実際の会話の中では、「あなたのシャツはクライメートスマート？（LCA：Life Cycle Assessment的にCO2排出が少なければクライメートスマート）」「クライメートスマートな朝ゴハンだった！（オーガニック食材、小さなお皿やボールで食べ残しゼロ）」「クライメートスマートなスマホ充電ができた！（グリーン電力100％のホテルでのスマホ充電）」といった具合に用いられます。

ビジネスシーンにおいても、例えば出張先のホテルがグリーン電力100％であれば、メールの締めに「このメールは風力で作られた電気で送っています」と一言添え

「あなたのシャツはクライメートスマート？」

ると、とてもクールでクライメートスマートなのではないでしょうか？　日本のイベント現場においても「製品の展示台はクライメートスマートです」「ゲストの弁当はクライメートスマートです」「スタッフの衣装はクライメートスマートです」というコミュニケーションを交わせる日を1日でも早く迎えたいものです。

バックキャスト思考でアクションする

アウトサイドイン

スウェーデンと日本、双方のことをよく知っているペオさんいわく、両国のサステナビリティ推進には大きな違いがあるそうです。スウェーデンは「アウトサイドイン」、日本は「インサイドアウト」。

アウトサイドインとは、社会あるいは世界の問題をしっかり理解してからバックキャストでアクションすること。インサイドアウトとは、できることから積み重ねていきましょう、という考え方です。周囲に足並みを揃えてやれるところから始めがちな日本企業や、個人でもとにかくマイバッグやマイボトルを持ちましょう、という日本社会とは大きな違いがありますよね。世界に目を向けると、それまで疑問に思わなかったことにも、違うやり方や考え方があったと気づけるのです。

1

私たちはこの惑星のゲスト

資源が有限な地球で求められる振る舞いは？

2

地球上の資源はすべて『限定版』

「希少」と「限定」は別の概念

3

必要としているものの本質は何か

大胆な発想の転換を生む問いかけ

4

計画的陳腐化＝意図的な短寿命化

経済の仕組みの問題を象徴的に表す

RAU Architects

RAU Architectsの創設者トーマス・ラウさん。サーキュラーエコノミー分野での先駆者であり、建築業界におけるパイオニアとしても知られる建築家。（写真提供：RAU Architects）

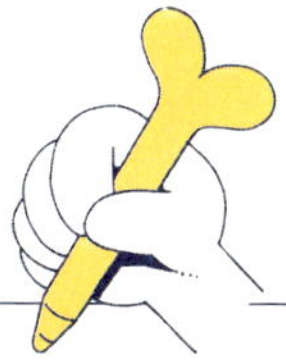

RAU Architectsは、オランダのアムステルダムを拠点とする建築事務所です。創設者のトーマスさんは環境に配慮した建設を30年にわたり主導してきました。サーキュラーエコノミーの原則を設計と建設に取り入れる先駆者として知られています。2025年に開催される大阪・関西万博オランダパビリオンの建築設計を担当し、「完全循環型」のパビリオンプランが採用されています。現在、世界でもっとも注目を集めている建築家の一人です。

トーマスさんは、ある例え話をします。

〝想像してみてください。あなたが誰かと出会って恋に落ちて、人生を共にすると決めたとします。しかしその心に決めたパートナーは、アルコール依存症であったことにやがて気づきました。それは、パートナーとの共同生活やあなた自身の暮らしを脅かすものとなります。あなたはきっとこう言うでしょう。「お願いだから、アルコールをやめてほしい。もしアルコールを飲み続けるのならこの関係を続けることができない」。

するとパートナーの回答はこうです。「全然問題ないよ。そのうちやめるから。2030年には60％アルコールフリーになって、2040年には80％、2050年には

100%アルコールフリーになるから」と。あなたは、そのパートナーのことを信じることができますか？〟

きっと、あなたのパートナーは今すべきことを直視しておらず、今の暮らしを変える気がないのだろうと思うでしょう。これが、人類と地球の今の関係性です。あなたが関心があるのは、今です。2030年にも、2050年にも興味がないのです。

このように、トーマスさんは企業、行政、そして私たち個々人が気候崩壊の危機を目の前にしてもなお抜本的な行動にでることができないことを、コミカルに指摘します。

人類と地球の今の関係性は、まるで「アルコール依存症の恋人」のよう？

資源が有限な地球で求められる振る舞いは?

私たちはこの惑星のゲスト

この写真は、月から見た地球です。現代におけるグローバルなサステナビリティムーブメントの出発点となった象徴的なものです。私たち人類は、宇宙に単体で浮かぶこの地球の写真を通して、資源はこの閉じられた地球に存在しているものしか使えないのだと、初めて実感したのです。

トーマスさんは、地球の歴史を長い目で見れば、人類は決して地球の支配者「ホスト」ではなく、むしろ「ゲスト」であることがわかると言います。ゲストであれば、当

月から撮影した地球の写真。

然のことながらホストのルールに従い、その恵みを大切に扱う責任があります。
一時的な利用者である私たちの一時的なニーズを満たす手段が、恒久に取り戻すことのできない負のインパクトをもたらしてはならないのです。

「希少」と「限定」は別の概念

地球上の資源はすべて『限定版』

私たちは、資源を手に入れにくい「希少なもの」と捉えがちです。つまり探しきれていないだけでまだどこかに隠れているはずだと思い込んでいます。しかし、先の写真を見ればわかる通り、地球上の資源は有限なクローズドシステムです。つまり、資源には限りがあり、浪費すればいずれ枯渇し、二度と手に入らなくなる「限定版」だということです。このシステムの中で何か問題が生じた場合、私たちは限られた資源の中で解決策を見つけなければなりません。

オランダを代表する画家である、レンブラントやゴッホの絵画も希少だと思いがちですが、その作品は1つしかない限定版なのです。人類が直面する最大の課題は、限られた資源をどのように持続的に利用していくかということです。

何千年もの間、私たちは衣食住を満たし様々なサービスを享受するために、資源を採掘し、製品を作り、そして捨ててきました。特に産業革命以降、このサイクルは加速化しています。今私たちが手にしている本やスマホ、PCも、すべて地球の「限定版」の資源で作られています。何万年かけて形成された貴重な資源を、一時的なニーズのために浪費することはできません。

大胆な発想の転換を生む問いかけ

必要としているものの本質は何か

近年、サステナビリティという言葉が盛んに叫ばれています。しかし、トーマスさんは「サステナビリティと言いながら、既存のシステムを置き換えているだけ」と指摘します。本質的に解決する気がなく、今のやり方を大きく変えないで最適化することがよく見受けられるというのです。

確かに、EV（電気自動車）を例に取って言えば、ガソリン車に代わる画期的なソリューションとして期待されてきました。しかし、他方ではレアメタル採掘や廃棄バッテリーの問題など、新たな課題も生み出しています。真のサステナビリティとは、現状の仕組みを維持することではありません。根本的なシステム変革、その一つとしてサーキュラーエコノミーを通じて、持続可能な社会を実現することです。

従来のサステナビリティ議論は、「何ができるか？」という視点に偏っていました。しかし、真の解決には、「何が必要か？」という本質的な問い掛けが必要です。この課題はイベント業界においても同じことが言えます。「何も変えたくないけど、サステナブルにして」というクライアントからの声は、非常に多く聞かれるものです。

しかし、何の問題を解決するためにサステナブルにするのか、という視点はとても重要です。解決すべき本質的な課題は何かを考えることで、これまでとは全く異なったアプローチが浮かび上がってくるのです。

例えば、移動をサブスクリプションにし、個人と人々の行動パターンに合わせてＡＩが自動運転の車を配車するとどう変わるでしょうか。車自体は自動車メーカーが所有し、乗りたい時にいつでも乗れるシステムがあれば、所有する必要がなく、社会全体で考えると生産する車の台数を最小限に抑えられます。さらにその場合は燃料費（電気代）もメーカーが支払うためエネルギー効率を最大限高め、一度作ったらずっとメンテナンス不要で乗れる乗り物を開発するメリットが生まれます。

既存路線のビジネスを少し変えるだけではない、こうした大胆な発想の転換が求められているのです。

経済の仕組みの問題を象徴的に表す

計画的陳腐化＝意図的な短寿命化

1924年、スイスのジュネーブで開催された電球製造会社によるカンファレンスで、驚くべき合意が生まれました。それは、「1000時間で切れる電球」の製造です。これは単なる都市伝説ではなく、記録に残る事実です。この出来事は、技術力の問題ではなく、電球製造会社が存続するための計画的陳腐化という経済の仕組みの問題を浮かび上がらせた象徴的事実といえます。

従来の経済の仕組みのなかでは、電球会社は製品を販売することで収益を得ていました。そのため、頻繁に買い替えられるように、製品は意図的に短寿命に作り変えられるようになりました。しかし、これは資源の浪費と環境負荷の増加という問題を生み出しました。

近年になり、これらの課題を解決するために、「Light as a Service」というビジネスモデルが考案されました。これは、製品の所有権を製造者が持ち、製品の価値だけをサービスとして提供するモデルです。トーマスさんは家電製品大手のフィリップス社に対して電球を販売するのではなく「明るさとしてのサービス」を提供するビジネスモデルを提案。このモデルは採用され、その結果、製品をできるだけ長持ちするように開発し、メンテナンスが少なく、消費するエネルギーも最小限にすることが仕組みの上で可能になったのです(詳しくは184ページ)。

1

シンプルで強いメッセージしか届かない

意味のないものはすべてそぎ落とす

2

四半期視点ではサステナブルは実現しない

長期的な未来を描いて投資せよ

3

体験はサステナブルな意識を高める

イベントはサステナ機運を高める絶好の機会

KEYWORD

The New Division

The New Division 共同代表創設者 ヤーコブ・トロールベックさん。SDGsロゴの生みの親として知られる。

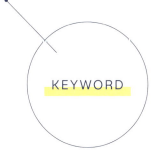

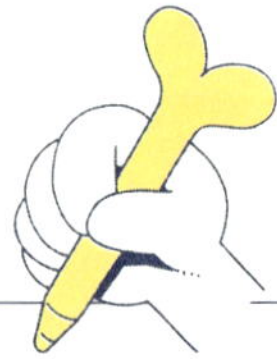

ヤーコブ・トロールベックさんはスウェーデン出身のクリエイティブディレクターでありグラフィックデザイナーです。１９９９年に米国ニューヨークで設立したクリエイティブスタジオ「Trollbäck+Company」は多くの実績と受賞歴があります。その後サステナビリティに特化したコミュニケーションエージェンシー「The New Division」をストックホルムで立ち上げ、共同代表創設者として活躍。彼がロゴデザインを指揮したＳＤＧｓ（The Global Goals）は、人類80億人のうち35億人が知っていると言われています。

シンプルで強いメッセージしか届かない

意味のないものはすべてそぎ落とす

ＳＤＧｓは２０１５年の国連サミットで採択されましたが、源流がスウェーデンにあることはご存じでしょうか。環境保全と経済成長を同時並行することを目指すグリーン経済に焦点が当たったリオ＋20（２０１２年）、ＳＤＧｓの前身であるＭＤＧｓ（Millennium

Development Goals＝ミレニアム開発目標）が採択された国連ミレニアム・リミット（2000年）、アジェンダ21が採択された国連環境開発会議＝地球サミット（1992年）など、サステナビリティのオリンピックと言っても過言ではない、持続可能な開発（サステナブル・デベロップメント）の取り組みの歴史をさかのぼると、国連人間環境会議＝ストックホルム会議（1972年）にたどり着きます。

このストックホルム会議の開催初日が6月5日だったことから、環境に関する啓発活動を図る日として、「世界環境デー」に定められています。スウェーデンは開催国ということもあり、この頃から既に意識は高く、以降も具体的な目標を定めるための闊達な議論が交わされ、その流れで1999年に、スウェーデン独自の16目標を定めた環境憲法（環境法典）が誕生したのです。次ページに示していますが、どこか見覚えはある気がしないでしょうか？　皆さまご存じのSDGsロゴと似ていますよね。実はこの16目標の考え方は、後に生まれるSDGsにも影響を与えています。

一方でMDGsやアジェンダ21などは、細かい項目に分かれていたために直感的に理解しづらく、虫眼鏡で見ないとわからない、失敗だと口にする人も多かったようです。

1999年にスウェーデンで独自で定められた「16の環境品質目標」。

ヤーコブさんがデザインしたSDGsのロゴ。The New Divisionのサイトではメイキングも公開されている。 https://www.thenewdivision.world/globalgoals

時が経ち、映画『ノッティングヒルの恋人』やテレビ番組『Mr．ビーン』の脚本を手掛けるリチャード・カーティスさんは、国連が作っている17の目標（SDGs）の普及キャンペーンにおいて、推進を担う役割に任命されました。本目標が人類にとって非常に重要なものであり、前身のような失敗を繰り返すべきでないと理解したリチャードさんは、すぐさま友人に声を掛けてデザインを作れないか、と相談したそうです。

その友人こそが、後にSDGsのロゴデザインに加え、コミュニケーションシステムまで構築することになるクリエイティブディレクターのヤーコブさんだったのです。ヤーコブさんは「意味のないものはすべてそぎ落とす」がモットー。スウェーデンに脈々と受け継がれてきたフィロソフィーを加味しながら、国連の長い条文をシンプルにデザインし、SDGsを世に放ちました。

四半期視点ではサステナブルは実現しない

長期的な未来を描いて投資せよ

ＳＤＧｓの目標に向けて世界が前進している実感があるかと尋ねたところ、ヤーコブさんは一言「全く感じられない」と答えました。理由は、お金の問題です。長期的に考えれば確実にサステナブルなビジネスに移行するための投資をすべきなのに、四半期などの短期的な利益不利益に囚われ、二の足を踏んでしまう企業が多いのです。

短絡的視点では、どれだけがんばってもサステナブルな事業や社会は実現できません。一方で、長期視点で大きな未来を描き、そこからバックキャスティングをすることで本質的な投資をしていかないと目標達成は遠のくばかりです。

果たして長期視点で大きな未来を描き、積極的に投資しているイベント会社がどれだけの数あるのでしょうか。目の前の業務を日々こなすのに精一杯の中で、なかなか意識が回らないのが実情だとは思うものの、取り組まねばビジネスは淘汰され、その間にも気候危機は進行してしまうのです。

体験はサステナブルな意識を高める

イベントはサステナ機運を高める絶好の機会

イベントにおけるサステナビリティについて理解を深めれば深めるほど、イベントから発生する廃棄物や温室効果ガスの量に後ろめたさを感じていた私に、ヤーコブさんがかけてくれた言葉があります。

「参加する多くの人にとって、サステナブルな暮らしややり方を体験する場になるとしたら、仮にイベントそのものから廃棄物や温室効果ガスの排出があったとしても、全体的に考えたときにプラスの効果を生み出すことができる。イベントは、サステナ機運を高める絶好の機会なのではないでしょうか」

ヤーコブさんに話を聞く視察メンバー。

日常の中では体験できないサステナブルな選択肢（再生可能エネルギー、ベジタリアンの食事、バイオサイクル＝自然由来の建材など）を提供することで、参加者のサステナビリティに対する意識が高まるのであれば、それ自体にも価値があるはずです。同時並行で、廃棄物や温室効果ガスの排出削減についても、私たちは歩みを進めていくつもりです。

1

ノンストレスでサステナブルな暮らし

無理しない

2

個人の努力に依存しない設計

問題は消費者の行動ではなく、仕組みそのもの

KEYWORD

Hammarby Sjöstad

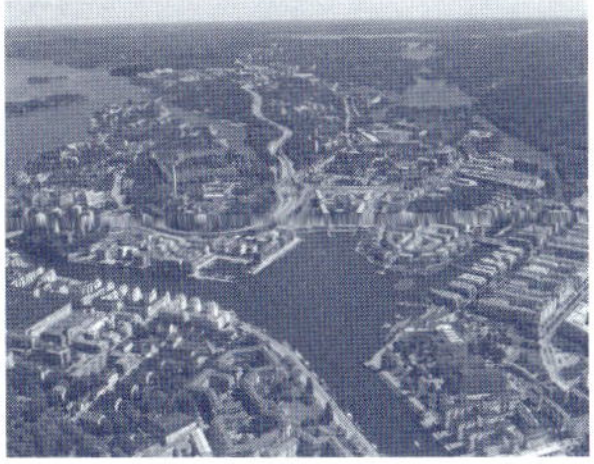

スウェーデンのエコシティ「ハマビーショースタッド」
©City of Stockholm

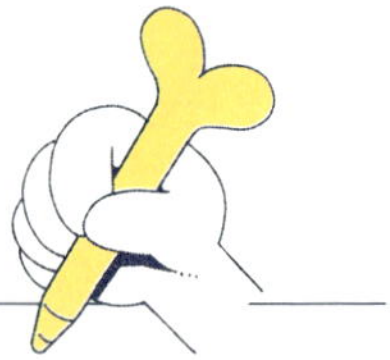

イベントがサステナブルな暮らしやり方を体験する場になるとしたら、逆に既にそのような暮らしを実現している街を見ることで、今後私たちが開発すべきサステナブルなイベントのヒントになるのではないか。そのような考えで、私たちは前述の「One Planet Café」のお2人と、スウェーデンのエコロジーシティ「Hammarby Sjöstad（ハマビーショースタッド）」も訪れました。最後に、この街を視察する中で得られたキーワードを紹介したいと思います。

ノンストレスでサステナブルな暮らし

無理しない

スウェーデンの首都ストックホルム中心地から南へ約20分、バイオガスを利用したカーフェリーで水の都を肌で感じているとその港に到着します。ハマビーショースタッドはかつては汚染された工業地帯でしたが、ストックホルムが２００４年の夏季オリンピック開催地に立候補した１９９０年代初頭に、この地の再生および環境をテーマに選手村として開発されました。

残念ながらストックホルムはオリンピック開催地には選ばれませんでしたが、そのまま都市開発は進められ、2000年代初頭にエコロジーシティとして誕生しました。スウェーデン政府は2016年6月、2030年までにエネルギー効率を50％高め、2040年までに発電すべてに再生可能エネルギーを用いる目標を設定。さらに、2045年までに温室効果ガスの排出量実質ゼロを目指しています。

ハマビーショースタッドでも1990年代前半の住宅地区と比較して地区から排出されるCO2等の環境負荷の半減を全体の目標と設定、大きく分けると「交通・移動」「エネルギー」「上下水」の3点に注力して開発を行っており、この取り組みは持続可能な都市開発の成功事例として世界各国から注目を集めています。

この地区では、必要エネルギー量の半分をまかなうために廃棄物や下水をエネルギーとして活用し、住宅施設の冷暖房、ガスストーブ等の燃料として地域内で循環させるシステムを構築、多くの建物の屋根に太陽光パネルが設置され、太陽熱を温水供給のために使用している他、四重窓等により住宅・建築物の断熱化を施したり、空気を水に溶かす技術により節水を促進するといった取り組みも見られます。また、住宅などから出る下水や汚泥はメタン発酵させて可燃性ガス（バイオガス）を発生させ、自動車燃料と家庭用の都市ガスに使われます。

ごみ収集のやり方も特徴的です。住宅入口にシューターが設置されていて、住民は捨てる前にリサイクルできるものを取り除き、「燃やせるごみ」「食べ残し」など区分けされたシューターに入れます。一定量が集まると真空制御の力を利用し、地下パイプを通じて可燃性廃棄物は郊外にあるコージェネレーション発電プラントに送られ、熱と電気の両面で活用、食品廃棄物は周辺の農業や酪農の肥料として使われ、将来的には破砕して下水汚泥と共にバイオガスとする検討も進めています。

全体目標	1990年代前半の住宅地区と比較して、ハマビー地区から排出されるCO_2等の環境負荷を半減させる
交通・移動	居住者・通勤者の移動手段の8割を公共交通機関、徒歩、自転車とする
エネルギー	廃棄物と下水を活用することにより、地域で必要なエネルギーの半分をまかなう
上下水	一人当たりの水使用量を1日100リットル（ストックホルム市の消費者が1日200リットル）にする 下水中の有害物質の濃度を50％減らし、リンを95％回収して農業用に再利用する

ハマビー地区の目標（出典：国土交通省 平成23年度 国土交通白書 第1部 第2章 第1節 コラム）

交通手段についても中心部にLRT(Light Rail Transit)を導入している他、ストックホルム中心街にアクセスするバスルートも整備され、地区に接する湖では、バイオガスで動くフェリーが早朝から深夜まで年間を通して運航しています。

全ての人がこのエリアで働くわけではないので通勤手段が必要ですが、渋滞を避け、排気ガスを減らすためにも、公共交通が充実しています。車を持たない暮らしが目標の一つであるように、カーシェアリングも非常に進んでおり、共有のEV車両用充電器もいたるところにあります。自家用車を保有している家庭は地区住民の60%しかなく、他の地区に比べてかなり少ないそう

住宅入口に設置された廃棄物シューター。地下パイプを通じて集積所に送られるため回収車が不要。（撮影：松野良史）

ハマビーショースタッド中心部を走る、バイオガス活用のLRT（Light Rail Transit）。

同じくバイオガスで動くフェリーが年間を通して運航。

です。

様々な取り組みを行っているハマビーショースタッドですが、実際に暮らしている人たちはどんな気持ちなのでしょうか。「もしかして日本の方ですか？」私たちが街を見ながら路上で議論をしていた時に突然子連れの女性に日本語で声をかけられました。

声をかけてくれた彼女は日本で出会ったパートナーとハマビーショースタッドで暮らしているそうです。色々と暮らしについて尋ねると、この街の仕組みを意気揚々と語り、この街に暮らしていることを誇りに思っているように見えました。

会話の最後に「ここでの暮らしはいかがですか？」と聞くと「全く窮屈な生活はしていない」と力強く答えてくれました。

個人の努力に依存しない設計

問題は消費者の行動ではなく、仕組みそのもの

先に挙げたごみ回収システムなどに加えて、アパートには最初から省エネ水準の一番

高い冷蔵庫・エアコン・ストーブ等が設置されているなど、既にインフラの中に全て環境対策が組み込まれており、そこで暮らす人々にとってはそれが当たり前、だからストレスもないのです。

確かにインフラ構築のためのイニシャルコストは掛かりますが、ごみの運搬コストや使用する製品の電力コストなどランニングコストが低くなり、さらにはこうした取り組みを行うことで長期的、持続的に街自体の価値が高まり（当時から地価は3倍以上になっている）、住民にとってさらなる満足度の向上につながるのです。

消費者に責任を押し付け、「まだ足りていない」と努力を強いるのではなく、暮らしに直結する環境や仕組みそのものを変えていくことにフォーカスして前進させていく。その大切さを、ハマビーショースタッドの街は教えてくれました。

COLUMN

街を歩いて アムステルダム編

私たちはアムステルダム滞在中、生活者の目線をより実感するために自転車を借りて移動することにしました。自転車は、ホテルがレンタルバイクを貸し出しているためすぐに借りることができました。これまで公共交通機関やタクシーなどを利用していたので「車窓」からの眺めだったのが、今度は「道」からの眺めに一変しました。サイクリストの視線を持つことで、街のいたるところに存在するサステナブルなスポットが自然と目に入ってきます。

オランダの街めぐりは自転車が基本

オランダは1人当たりの自転車保有率が世界一の高さを誇り、人口よりも自転車の数が多いそうです。自転車は国民の日常生活に深く根づいた移動手段であり、近年では環境問題や運動不足の観点から再び注目を集めています。

オランダが自転車大国になった一つの背景に、その地形があると言われています。オランダの国土の大部分が平坦で坂道が少なく、都市部では住宅が密集しているため、小回りの利く自転車の方が目的地に早く着くことができるのです。

また、緑豊かで人々にとって健康的な街・アムステルダムを叶えるため、市は交通インフラとしての自転車利用を促進しています。そのため、市内の道路では、車道の幅を狭くし、歩行者道や自転車のためのサイクリストパスに広くスペースが取られています。これまで車の駐車場だった場所に植樹をするための工事も至る所で行われています。

アムステルダム市は2030年から市内中心部におけるガソリン車とディーゼル車の乗り入れを禁止する計画も発表してお

自転車は日常生活に深く根づいた交通手段。(撮影:松野良史)

り、着実に段階的な規制を進めています。その最大の目的は、大気汚染対策とCO_2排出量削減だと市のウェブサイトには書かれています。

街じゅうに散らばるサステナブルなホットスポット

犬も歩けば棒に当たると言いますが、アムステルダムの街では、人も歩けばサステナブルなホットスポットに当たります。例えば、アートとカルチャーの発信地「NDSM」。NDSMは、オランダ造船所（De Nederlandsche Dok en Scheepsbouw Maatschappij）の頭文字から取った名前で、アムステルダム北部のアイ湾に面したウォーターフロントエリアです。かつては造船所として栄えていましたが、1984年に閉鎖されて以降、汚染・荒廃した土地として、長いこと使われずにいました。しかしアムステルダム中央駅からフェリー一本で15分程度と好立地。市が再開発に乗り出し、現在はアーティストやクリエイティブな企業が集まる文化拠点へと変貌を遂げました。

この場所は、毎年春に音楽フェス「DGTL Amsterdam」（121ページに詳細）が開催されている場所でもあります。こういった革新的な文化の発信地、そして循環型開発の手本として国際的な注目を集める場所になっています。

また、アムステルダム市内を自転車で走る中、途中で出会ったとある橋。実は世界初の3Dプリンティングでできた橋で、オランダのスタートアップ企業MX3Dが作ったことにちなんで「MX3Dブリッジ」と名づけられています。

素材はスチールで、その技術力とデザイン性が注目されています。3Dプリンターでつくられたという点もさることながら、実は橋全体にセンサーが埋め込まれており、常に橋の状態をモニタリングし、安全性を実証すると共に、その情報をオープンソースで公開し、そこから得た知見は、将来市内の様々な橋の寿命向上と安全性向上に活用されるといいます。3Dプリンティング技術は従来の建設方法より資源を無駄

3Dプリンターで作られた、アムステルダムの運河に架かる橋。（撮影：西崎こずえ）

にせず建設できるということで、廃棄や環境負荷を防ぐ相乗効果もあります。

この橋はすぐ近くにあった歴史的な別の橋の修復工事のため、2年間だけ仮設の橋として設置されていて、2023年11月には役目を果たし撤去されました。しかし、その間に取得したデータからわかったことは、今後街のいたる所で活かされることでしょう。

あくまでも、これらはアムステルダムに数多く散らばるサステナブルなホットスポットの一例です。しかも、「環境に配慮しています！」と声高に主張することもなく、実に自然に生活の中に溶け込んでいます。アムステルダムの街は、少し見て回るだけでもたくさんのサステナブルなインスピレーションが得られる街です。

第3章

サステナブルイベント実現のヒント「マインドスイッチマップ」

本章では、イベントをサステナブルに変えていくきっかけとなる企画者のマインド変化を「マインドスイッチマップ」として提示します。サステナブルは難しい？　いえ、少し考え方を変えてみれば取り組みのヒントが見つかることがあります。

マインドシフトのスイッチを入れる「マインドスイッチマップ」

マインドシフト（Mindshift）という言葉をご存じでしょうか？　これは、個人や組織が従来の価値観や考え方の枠組みから脱却し、新しい視点やアプローチを取り入れることで、成長したりイノベーションにつなげていくことを指します。

マインドシフトから生まれたプロダクトの素晴らしい例は、過去数多くあり、新しい取り組みの裏には必ずと言っていいほどマインドシフトの瞬間があります。

本章ではイベントをサステナブルなものにしていくためのマインドシフトのきっかけとして、「マインドスイッチマップ」を紹介します。私たちが視察をしてきた中で学び、得た気づきの中から、イベントに限らず様々な領域で持続可能な取り組みを行うきっかけになるマインドスイッチのキーワードを設定しています。

「before」の部分にはおそらく多くの方が現在持たれているであろう見方や考え方を入れてあります。それぞれのスイッチの説明の中で「after」のキーワードのヒントをちりばめていますので、読み進めながら一体何が入るのか、考えてみていただければと思っています。

順に読んでいっていただいても、興味があるスイッチから読んでいただいても大丈夫です。サステナマインドには決して正解はありません。１００点を求める必要もありません。読み終えた後に、自分の中でスイッチが入った！見え方が変わった！と実感していただけることがあったなら、幸いです。では、みなさんをマインドスイッチの旅へとお連れします。

マインドスイッチマップ

Mind Switch MAP

01

使い終わったら
ごみになる

?

P.98

02

サステナブルにすると
コストが上がる

?

P.108

03

「イベント」は
短期決戦

?

P.119

04

イベントは
「何をやるか」
から考える

?

P.126

05

まず環境負荷低減の
方法を考える

?

P.136

06

初めから完璧に
やらないといけない?

?

P.142

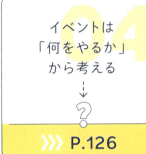

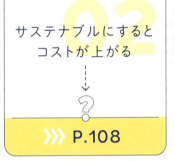

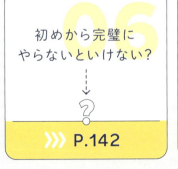

07

「3R」の
実践が大事

P.154

08

まず取り組むべきは
プラスチック

P.163

09

結果が
出ていないのに、
情報発信はできない

P.170

10

イベントに「モノ」の
消費はつきもの

P.180

11

その人が社会（イベント）
に適合できないのは
やむをえない

P.186

12

イベントは一部の人が
居心地が悪くても
しょうがない

P.191

マインドスイッチ

01

使い終わったら
ごみになる

SWITCH!

使い終わったら
＿＿＿＿＿＿になる

「ごみ」を「ごみ」ではないかもしれない？と疑ってみる

私たちが普段当たり前のように「ごみ」と呼んでいるもの。でもそれは、本当に「ごみ」なのでしょうか？

オランダには、独自のアプローチで建築業界のサーキュラーエコノミーに取り組む会社があります。それが、建築物の資源循環に関するデータプラットフォーム「マダスター」を運用するマダスター・サービス社です。アムステルダムの郊外、緑豊かな場所に彼らの拠点はあります。元々は軍用地だった場所で、事務所になっている建物も1960年代に建てられた入隊者のため

マダスター・サービス社が入居するコミュニティスペース「DE GROENE AFSLAG」。オランダで「緑の始まり」を意味する。（撮影：松野良史）

の施設でしたが、１９８０年代に入って難民のための保護施設として使用されることになったそうです。

施設が役割を終えた後に、建物を取り壊し、高級住宅街を作る計画が立ち上がり、取り壊されるまでの使用契約で入居していたところ、オーナーの方針変更でクリエイティブやサーキュラーを実装する拠点として維持することとなり、今に至っています。

私たちを迎え入れてくれたパブロ・ヴァンデンボッシュさんは私たちにこう問いかけます。「私たちの住む惑星である地球は閉ざされたシステムであり、外から何も入ってこないし、出ていくこともありません。それなのに、なぜ我々はごみが出てしまう前提の経済システムを作ってしまったのでしょうか」。

ごみはアイデンティティのない資源

パブロさんによると、ごみとは「アイデンティティのない資源」。逆にごみにアイデンティティを与えれば、それは単なる「ごみ」ではなく、再度使うことのできる資源になります。ここでいうアイデンティティとは、建築材料の特性や、どこから調達されたのかといったライフサイクル全体に関わる情報を含みます。人のパスポートのように、その資源がどこから来て、どんな性質を持つものなのかわかれば、その資源の価値を証明し、再度売買の取り引きをすることが可能になります。

マダスター・サービス社が作り上げたのは、建築設計時に建物や内装を形作るあらゆる製品（マテリアル）に、人間のようにパスポートを与えるプラットフォーム「マダスター」です。この仕組みをイベントに導入するとどうなるでしょう。

イベント終了後に廃棄されてしまう造形物ですが、この仕組みを活用することで、これらを形作る資源は新たな生命を与えら

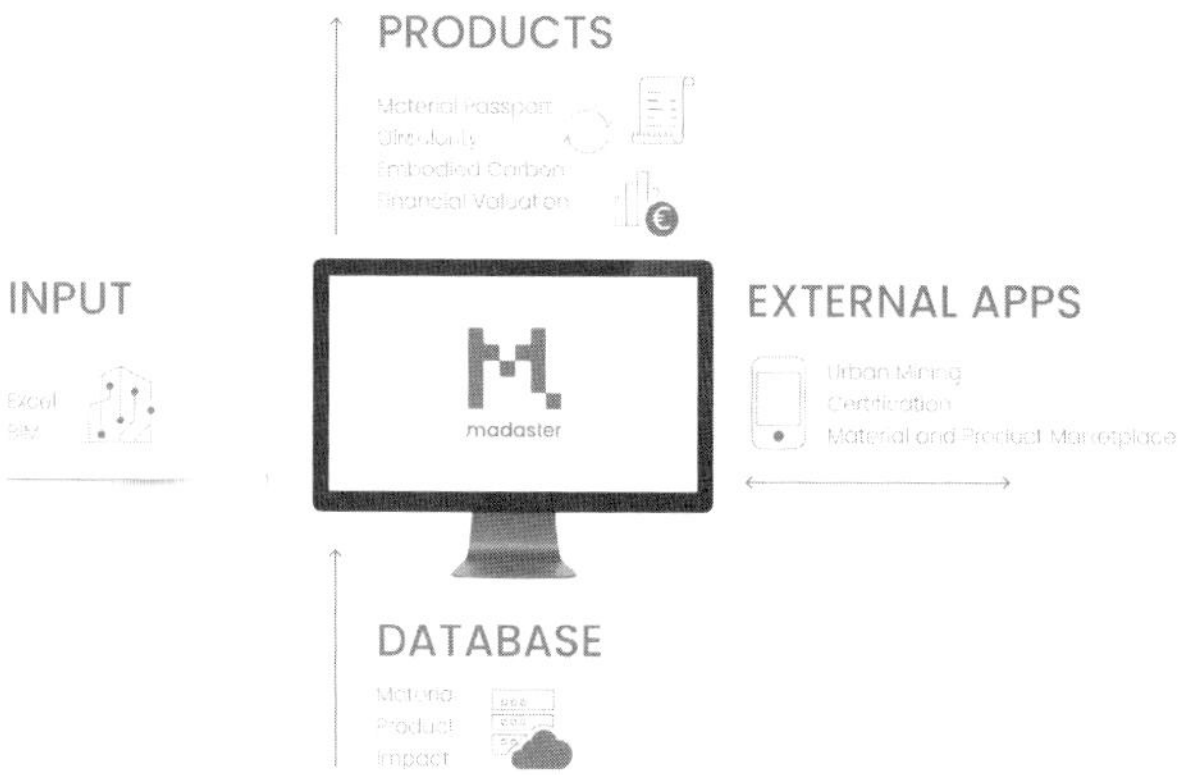

データによって資材の再資材化を可能にするプラットフォーム「マダスター」。

れるでしょう。2025年の大阪・関西万博では、第2章でも紹介したRAU Architectsのトーマスさんが設計するオランダパビリオンで、世界で初めてすべての資材がマダスターに登録されます。これは、マダスターの可能性を実証する画期的な取り組みです。

イベント産業をはじめ、あらゆる分野でこうした仕組みを用いることで、資源の廃棄がなくなり、システム全体を変革することにつながるのではないでしょうか。

建築物の素材がどこから来てどこへ行くのかを可視化する

マダスターのダッシュボードでは、資材仕様やCO_2排出量など重要な情報が得られます。しかし、まだこの仕組みも完全ではありません。というのも、素材一つとっても調達先の違いによりCO_2排出量などは変わってくるのですが、建設業界では細部にわたって調達プロセスを把握することが困難であるため、情報の正確性が乏しいのです。例えば飲料水は、提供している業者の証明書があれば、それが安全だということがわかります。同様に建設業界においても、素材がどこから来たものなのか、透明性を担保していくことを使命として感じているようでした。

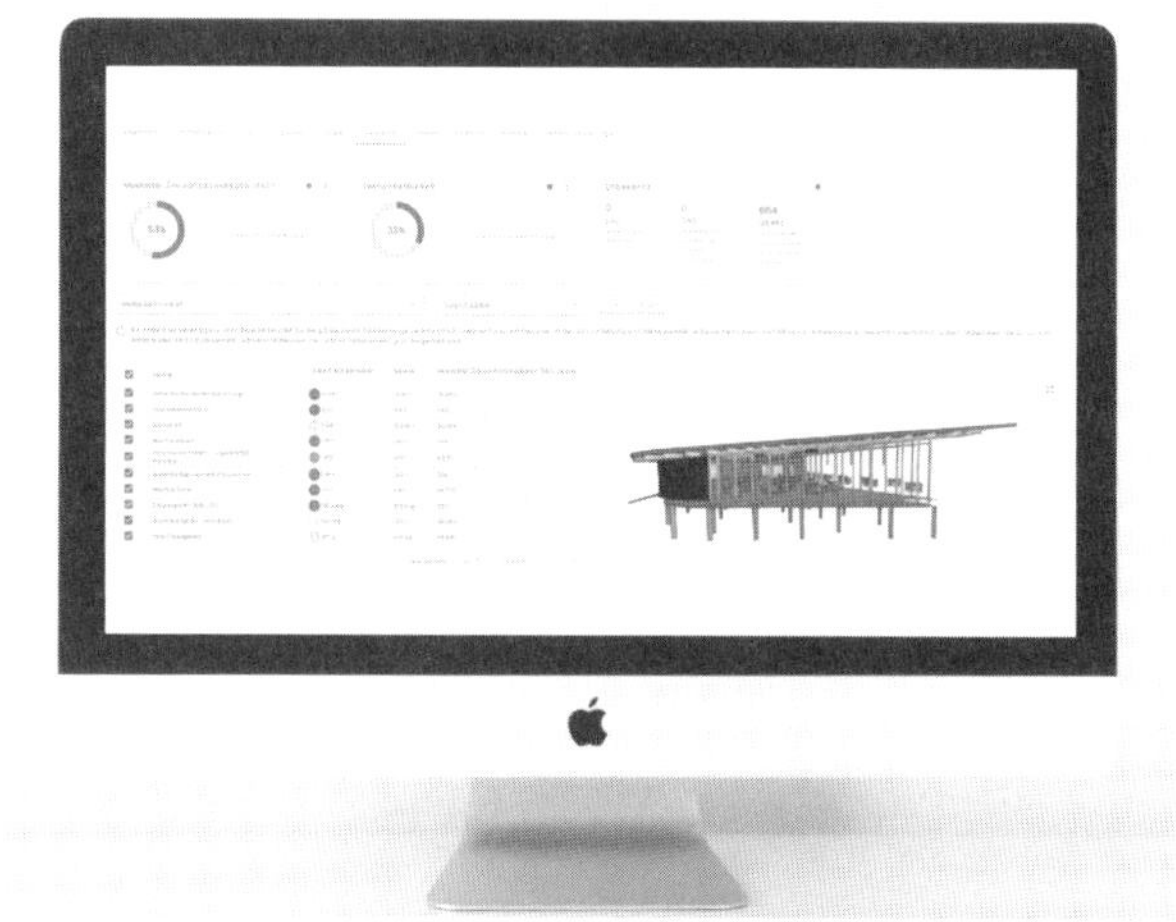

建材をデジタルツインで管理することで、誰が見ても明確な情報管理が可能に。

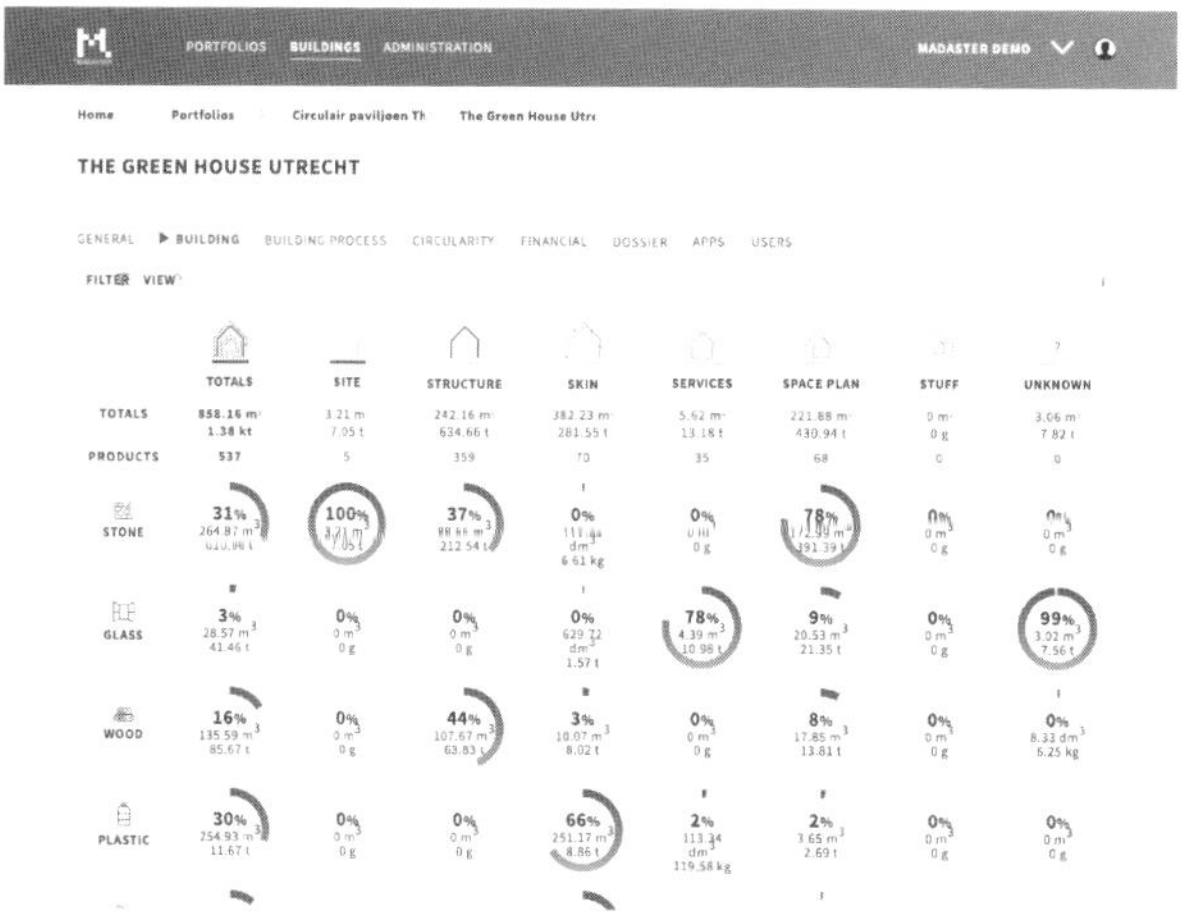

建物のどこで何の素材がどれくらい使用されているかモニタリングできるダッシュボード。

なお、建物において廃棄を前提としない場合のCO2排出には、電気や空調などの利用時のCO2排出と、素材の生産時のCO2排出の2つのパターンがあります。マダスターではこれらを分けて可視化してくれるので、どの段階で対応が必要になるのかをきちんと把握することを可能にするのです。

このプラットフォームにより、材料やCO2排出量を把握しながら建設または管理することができますが、マダスター・サービス社は建物自体を評価する立場にはありません。環境に負荷の少ない形で、建物が建てられるのは良いことだと考えていますが、マダスターはあくまでレジスター（登録所）であり、その中で素材がどこから来たかの透明性を担保することが役割であり、決して評価する立場にはないのです。

しかしながら、建物単位でも、地域単位でも、ベンチマークと比較することができる機能は備わっているそうです。プラットフォーム内に、建物情報がマテリアルパスポートとしてポートフォリオのような形で点在しているため、例えば、1950年代アムステルダムで建てられた病院で、どんなマテリアルが使われているのか、年代や地域から、調べることができるのです。また、マテリアルパスポートは、SNSでも使用できるようなトップサマリー、もしくは地域単位・建物単位・製品単位での詳細レポートとしてもアウトプットできるようになっていて、トラッキング機能を使って、どこから来たのか、あるいはどこへ行ったのか、把握が可能となります。

一度使われた素材が、パスポートを持つ時にのみ次の作り手のもとに行き、新たな建物の一部としてその役割を担う。パスポートという言葉が使用されているだけに、本当に旅行のようです。建物が国だとしたら、素材は人。国から国へはパスポートが無ければ移動できず、移動するためには身分を証明しなければなりません。

工期と利用期間の短いイベントという場はいわば短期の建築です。今は捨てられてしまっている様々な資材や資源が長きにわ

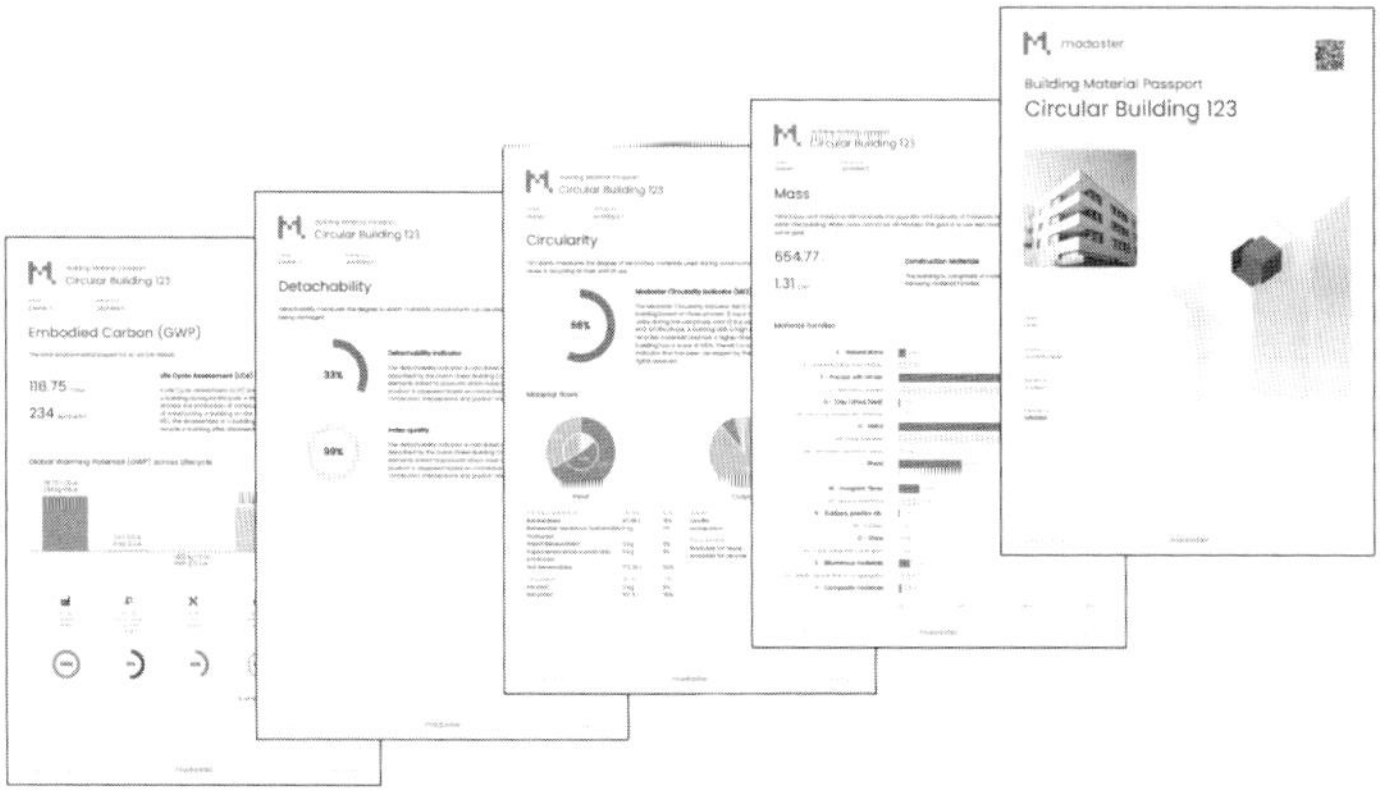

地域・建物・製品などあらゆる単位でレポート可能。

たって価値を保ったまま旅することができる世界が実現したら、私たちイベントのプロフェッショナルは資源の旅行代理店の役割も果たすのかもしれません。

施設内で発生したごみを、施設内で資源として循環させる

　ストックホルムでも、こんな事例がありました。スカンジナビア最大の見本市・展示会の会場「ストックホルムメッセ」（129ページで詳述）には、施設内に使い終わった建材を収集および処理ができる場所「資源ステーション」が設置されています。会場独自のサステナブルガイドラインに基づき、出展者と施工業者が一緒になって設

ストックホルムメッセ内の資源ステーション。（撮影：松野良史）

営・撤去で排出される資材分別を徹底しています。98％はリサイクル、再利用、または エネルギー回収されています。ごみステーションではなく資源ステーションという名前がとても良いですね。

会場内で資源を循環させることで、廃棄物が減らせるだけではなく、処理に伴う運搬のCO2も発生せずに済みます。日本のイベント会場でも、このような仕組みが導入されれば、廃棄物が減るだけではなく、意識も変わってくるのではないでしょうか。

POINT

ごみを資源ととらえてみれば、見える景色が変わる。資源がパスポートを持って旅をする未来、イベントのプロは「資源の旅行代理店」になっているかもしれない。

マインドスイッチ

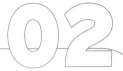

02

サステナブルにすると
コストが上がる

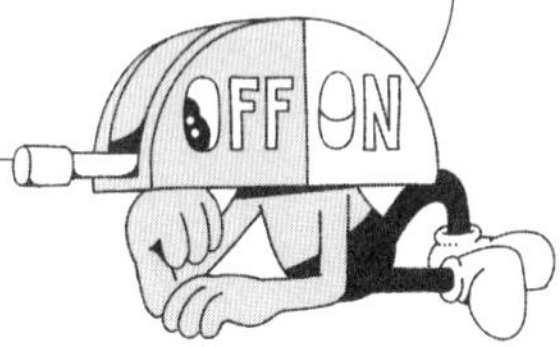

SWITCH!

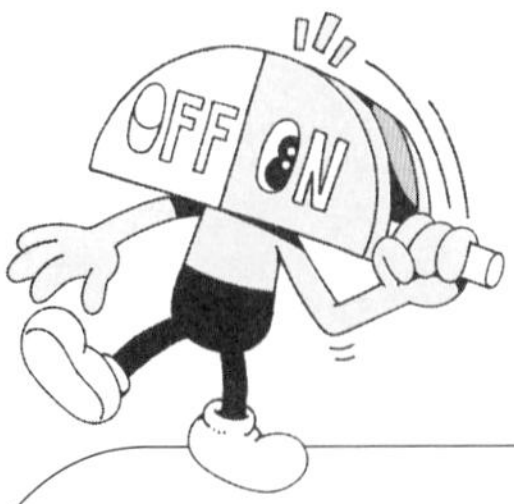

サステナブルにすると

____

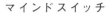

サステナって高い？大変？

イベント業界に限った話ではありませんが、サステナビリティに取り組むにあたって、誰しもが最初に思うのは「どうせお金がかかる」ということではないでしょうか。材質や手間が変わることでコストに跳ね返り、製品そのものやサービスが結果高くなってしまう。そういったケースは事実としてあります。

事業にポジティブな影響が与えられるかがわからず投資する意義が見出せない、コストを中途半端に抑えることで返ってチープな印象を与えてしまう、手間ばかりがかかってリソースを捻出できないなど、サステナビリティのビジネス実装に二の足を踏んでいる企業も多いでしょう。しかし一方で、サステナビリティとコストのバランスを上手く取り、負担・無理・無駄なく事業への実装をすることも可能だという例を紹介しましょう。

プラントベースだからこそ収益性と低い環境負荷を両立

１つ目はアムステルダムにあるラーメン店「Ramen Impossible」です。１００％プラントベースのラーメンを提供しています。

ブランドオーナーの石田敦士さんは、２０１３年（当時34歳）に異業種からラーメン業界に転身し、日本国内のラーメン店で修業を重ねました。当時既に、世界中の飢餓や格差などの社会課題をなんとかしたいという想いを抱いていたそうです。

その後海外での開業を目指し、２０１４年11月にドイツへ、さらに２０１６年から

「Ramen Impossible」のみそラーメン。（撮影：松野良史）

はオランダのラーメン店に勤務し、２０１７年10月にアムステルダムでMen Impossible（Ramen Impossibleの前にオープンした1号店）を開業しました。ヴィーガンではない人たちにも人気のプラントベースラーメン店を作ることができれば、世界の食料不平等問題解消の突破口になる。そう信じて活動を続け、現在はアムステルダムで直営3店舗を運営し、さらにはロンドン、ロサンゼルス、そして日本の長野県松本市でも系列店がオープンしています。サステナビリティへの配慮が、多店舗展開という形でビジネス拡大にも寄与していることがうかがえます。

Ramen Impossibleで提供されるラーメンは生肉はもちろん、生野菜の使用も少量に抑えることで、フードロス削減につなげています。また、動物性の食材を扱わないため、廃棄物も少なく、当然動物性の脂も出ません。このため、ラーメン店で一般的に必要とされる、動物性の脂を含んだ排水が直接下水に流れるのを防ぐ装置「グリーストラップ」も不要なのです。

スープを作るために動物の骨や野菜を長時間煮込む必要もなく、実は通常のラーメンよりもはるかに低コストで作れるくらいだと言います。設備費・光熱費・人件費・CO2排出量など、あらゆるものを抑制しながら、ラーメンを提供しています。

訪問時は「まぜ麺」と「みそラーメン」を注文しました。アムステルダム市内のラーメン店では標準的な価格帯でありながら、満足度は非常に高かったのです。

普段なら残してしまうこともあるラーメンのスープも、ここでは遠慮なく飲み干すことができました。湯葉の唐揚げも絶品でしたし、麺もつるつるとして非常に食べやすい喉越しでした。

プラントベースと呼ぶことにもこだわりがあると言います。ヴィーガンレストランと言ってしまうとヴィーガンの方にしか来てもらえなくなってしまうため、プラントベースのラーメンと呼び、ヴィーガンでない人にも提供できてこそ、持続可能性の広がりや効果があるのだと石田さんは言います。

Ramen Impossibleを直訳すれば「ありえないラーメン」ですが、日本のラーメンで育った私たちにとっては、店名どおりのインパクトがありました。

日本のラーメン業界に目を向けると、相次ぐ倒産のニュースを見かけます。物価高騰・人件費高騰・光熱費高騰・設備費高騰・千円の壁、様々な理由が挙げられています。気軽な国民食と言われ、なかなか値上げできない、数が多いので差別化を図りづらく店の淘汰が続く……そんな実情があるようです。

ラーメン業界に言及する立場にはないため、私たちはただただ食べることで応援するばかりですが、サステナビリティに取り組むことで、開ける道もあるのではないでしょうか。Ramen Impossibleでの取り組みはとてもわかりやすく、シンプルなものだと感じました。

石田さんから別れ際に聞いた「どんな業界でも負担や無理なく、むしろサステナブルな方がもっと稼げるというモデルはつくれると思いますし、そうなっていかなければならないですよね」という言葉は、日本に戻ってからも、しっかり頭に残っています。イベント業界のそれはどんなものかと今も模索しています。

サステナビリティに取り組んだら赤字が黒字に

「サステナビリティは高い」の思い込みを覆す2つ目の事例は、ストックホルムにある「スカンディック・ホテル」です。ホテル業界のサステナブルブランドの開拓者と言える存在です。

　スカンディック・ホテルは、ホテルチェーンとして世界初の環境ラベル認証を取得しています。1963年に開業し、1980年代までB&Bタイプのエコノミーホテルでしたが、価格競争で経営危機に直面し、苦しい状況を脱するためにサステナビリティを軸にブランドを再構築し、赤字経営から黒字経営への転換を遂げたのです。

　現在も成長を続け、ホテル業界ではサステナビリティのリーダーとして存在感を放っています。最初の取り組みは、サステナビリティを企業文化として定着させるため、役員から社員、アルバイトまで、自然規律に基づくサステナビリティ教育を実施

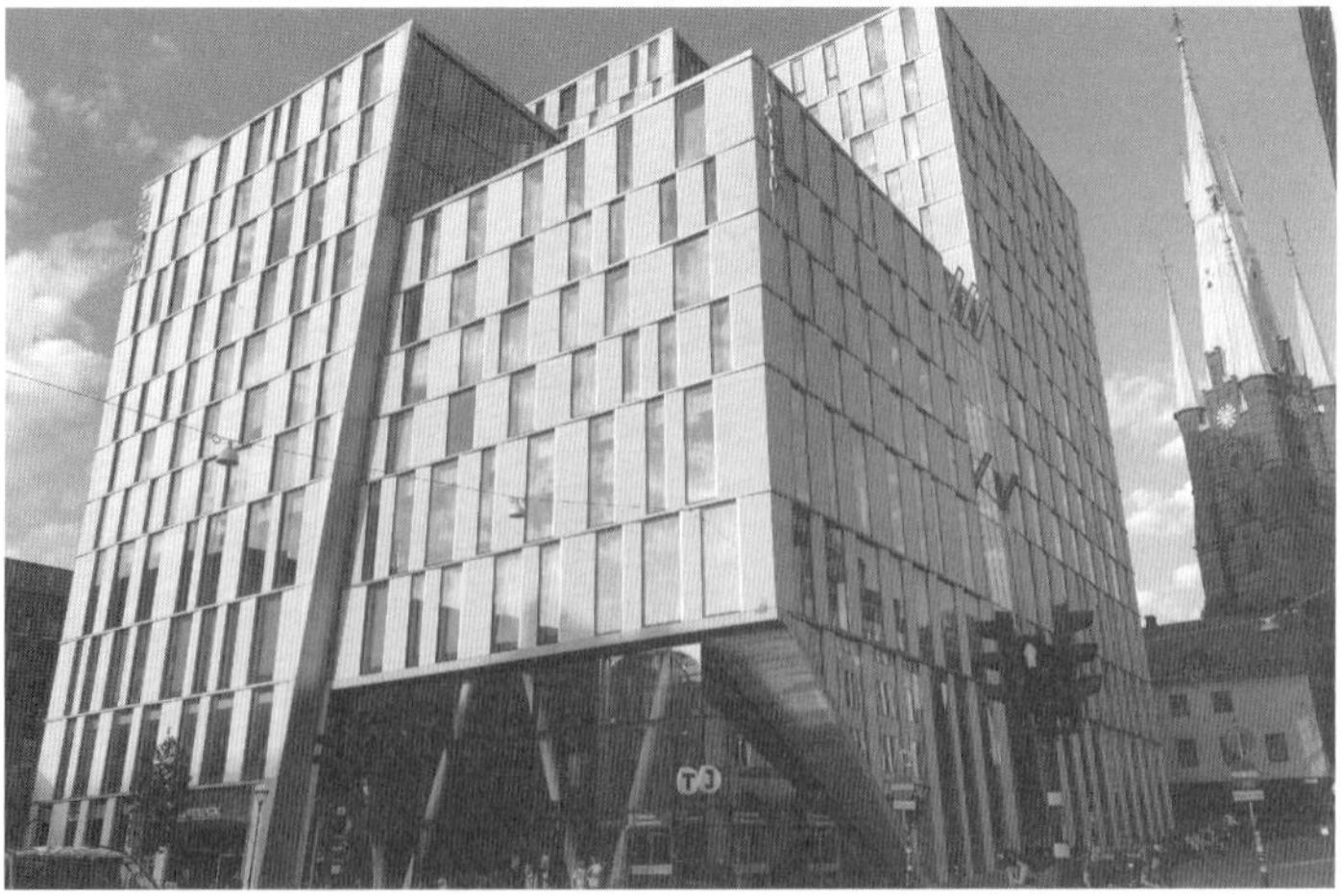
サステナブル型ホテルとして知られる「スカンディック・ホテル」。（撮影：松野良史）

することでした。その後、社内の誰もが提案できるアイデアボックスを設置しました。
そこで提案されたサステナビリティに関する2000を超えるアイデアが、現場に実装され、今でも取り組まれています。日本のホテルチェーンでも最近よく見かけるようになった「使い捨てのアメニティ廃止」などの取り組みも、ほとんどの始まりはスカンディック・ホテルなのです。

取り組み例：

○連泊時のタオル取り換えの選択
○脱プラ（石油系プラ素材のハンガー、ペン、ドアキーなどを自然素材へ）
○分別ごみ箱による宿泊者の意識啓発と取り組みへの参加
○オーガニック＆フェアトレード食材を多く使った朝食
○同グループの各ホテルでサステナビリティの進捗比較ができるシステム「サステナビリティ・ライブ・レポート」導入
○ホームレスの方々を招いた食事会の実施
○ルーム清掃担当者の健康に配慮した道具の開発
○朝食は小分けにしてロスを削減（皿のサイズも小さく）

○床清掃に水を使用せずマイクロファイバーモップを使用
○使い捨てのアメニティ廃止（必要な人は購入）
○１００％再生可能なエネルギーを電力会社と契約（水力、風力、バイオマス）　ｅｔｃ.

例えば、環境に配慮した建材使用なども、短期的に見れば高いかもしれませんが、長期的に見れば光熱費などのコスト削減につながるため、理にかなった選択だと評価されています。「私たちはホテルの部屋を自然に手渡すことができます」――これはスカンディック・ホテルが使っている言葉ですが、独自の環境基準を設ける中で、使用する建材を地下（石油）由来から地上（自然）由来に切り替えてリフォームを行ったそうです。

通常のリフォームより当然高かったようですが、環境基準を守りながら、環境ラベル認証も取得、エネルギー効率やメンテナンス性も改善されたことにより、ホテル全体の運営コスト自体は下がりました。

また、ホテル内にあるウォーターステーションでリフィル可能なガラスのウォーターボトルを採用していますが、このデザインにも驚かされました。ガラスボトルをよく見ると、人が握った凹凸のある手形が施されていたのです。

オリンピックに出場したこともあるスウェーデンの女性水泳選手の手形だそうですが、サステナビリティに配慮することでデザイン性が失われてはいけないという理由で導入されたそうです。思わず持ちたくなるデザインで、ボトル自体も持ちやすくなり機能性も向上しています。小さい取り組みながら、持続可能な社会の実現に間違いなく寄与しています。

リフィル可能なウォーターボトル。手形のデザインが特徴。（撮影：One Planet Café）

サステナビリティはイベント産業でも低コスト・高付加価値のドライバーになる

Ramen Impossibleとスカンディック・ホテルに共通するのは、サステナビリティに取り組んだ結果、ビジネスの拡大につながっていることです。言葉を選ばずに書きますが、自社事業と関係なくとも、なんとなく社会に対して良いことをしていれば良かった10年前の感覚とは大きく異なり、サステナビリティはいまや儲けていいというのが常識になりつつあります。

イベント産業でも、サステナビリティには取り組まなければなりませんが、お金がかかるとネガティブに決めつける必要はないという気づきが得られました。工夫次第で負担・無理・無駄なく取り組めて収益にも結びつくことが、イベントの中でもきっとあるはずです。

また、一つの施策で大きなコストがかかったとしても、その効果によって別のコストが下がることもあります。常に全体を俯瞰しながら、長期の視点を持って検証し、コストを再配分できるマインドを、早急にスイッチ・オンしなければならないのです。

POINT

サステナビリティに配慮されたサービスを提供するとコスト高になる、というのは単なる思い込み。工夫次第で負担・無理・無駄なく取り組めて、収益にも結びつく。

マインドスイッチ

03

「イベント」は短期決戦

SWITCH!

「サステナブルイベント」は

____

イベントは、開催したらそれで終わり？

イベントの成功とは、単にイベント開催とその後の満足感だけで測られるものなのでしょうか。イベントをどうつくるかに意識が向きがちですが、多くの場合、作ったあとに何が残るのかは考慮されていません。

イベントを通してカルチャーをデザインする

アムステルダムを拠点とするクリエイティブスタジオNachtlab（ナフトラボ）は、「イベントの終わったその後のこと」を深く考え、イベントをより持続可能なものへと進化させる専門集団です。

音楽、ステージ、パビリオン、デザイン、ライティングなど、様々なクリエイティブを手がけながらも、特に没入体験とサステナビリティに情熱を注ぎ、世界中のイベントを牽引しています。彼らがすべての顧客に提供する価値として語るのは「エクスタシーを作り出す」。世界中でプロジェクトを行い、一時的では終わらないカルチャーをデザインすることを得意としています。

　ナフトラボ創設者のシルベスター・リンデミュルダーさんとクリエイティブディレクターのレビ・ジャック・シブソルプさんは次のように語ります。「ただ単にイベントをデザインすることに留まっていてはもったいないと思います。イベントという場を通して、人々が潜在的に求めているものは何かを本質的に理解して、それをカルチャーとして具現化することが可能なのですから」。

　彼らが手掛けたイベントの中でも、特に代表的な事例として知られるのが「DGTL Amsterdam（以下DGTL）」です。DGTL

ナフトラボの手がける音楽フェスティバル「DGTL Amsterdam」。
「寝ているよりサステナブルな音楽フェス」を謳う。（撮影：西崎龍一朗）

は、アムステルダムを拠点として世界のテクノシーンを席巻するプロモーターが主催する音楽フェスティバルです。世界初の完全サーキュラー音楽フェスティバルとして知られています。

ナフトラボは、ＤＧＴＬのステージデザインと体験デザイン、そしてメイン会場となるModularというパビリオンを設計しました。Modularのテーマは「Modularity」、つまり分解可能性です。このステージは、イベントが終わればレゴのように簡単に分解して輸送、そのまま再利用できるように設計されています。大小あらゆるステージサイズに対応し、その時々のニーズに合わせて柔軟に作り変えることができます。

サーキュラーエコノミーを超えて、「リジェネラティブ」な取り組みへ

ＤＧＴＬが世界から注目を集めた理由は、サーキュラーエコノミーの実践だけではありません。一番の理由は、世界初の「リジェネラティブ」な音楽フェスティバルを謳っているからです。彼らの目指すリジェネラティブとは、イベントをすればするほど自然が回復することです。企業活動によって自然をより豊かに再生させることを指し、自然

への負の影響を最小限に留めようとする考え方とは根本から異なります。

近年、イベント業界ではサーキュラーエコノミーへの取り組みが盛んになっています。しかし、サーキュラーエコノミーだけではこれまで失われてきた環境、資源や生物多様性へのネガティブな影響を取り戻すことができません。さらに重要なのは、リジェネラティブな取り組みを通して、イベントが開催される地域や社会にポジティブな影響を与えることです。

一方で、リジェネラティブな取り組みは、サーキュラーエコノミーよりもさらに難易度が高いとも言えます。これは、その場所に存在する生物多様性や社会的な価値などを数字として測定して評価するのが難しいためです。例えば、環境的な価値を追加し、イベント開催前より環境へのポジティブな影響を残すことを考え植樹をしたり、生物多様性が増えたりしてその土地が豊かになった結果、その土地自体の経済的もしくは社会的・環境的価値が向上する――そうした具体的な施策を地域連携で達成することまで目指す必要があるのです。

この難しさに対して、ナフトラボの提案は次の通りです。まず、長期的な視点を持って取り組むこと。具体的なアイデアとしては、イベント会場を選ぶ際に複数年契約を提案することは特に有効だといいます。長期にわたって契約できれば、その場所をイベント前よりどうやって美しくするのか、木を植えるのか、砂浜をきれいに整備するのか、生物を増やすために水の流れを今より良くしよう、など、イベントの後を考えた提案をしていくことができるようになります。

つまり、主催者のマインドセットを変えることができるのです。このリジェネラティブという眼鏡で世界を見てみると、全く違った世界が見えてくるのではないでしょうか？

日本は、世界屈指の生物多様性が豊かな国です。複雑な地形、多様な気候、長い歴史などが織りなす環境は、多くの動植物の宝庫となっています。しかし経済成長の影で、近年日本の生物多様性は急速に失われつつあります。

イベントのロケーションを選定する際に重視される美しい自然や景色も、イベントの提供する価値の一部だと私たちは考えてイベントをデザインしますが、自然が失われてしまえばそれも叶いません。私たちの仕事も存続の危機を迎えるでしょう。長期的な視野を持ち、美しい景観を含めた生物多様性の保全とイベントが連携することは、地域社会の発展とイベント産業の成長という二重の成果をもたらす可能性を秘めています。

私たちイベント業界の人間も、サーキュラーエコノミーのその先、リジェネラティブな領域にもチャレンジしていかなければなりません。一筋縄ではいかないものの、イベントを実施すればするほど、環境の再生につながるなんて、長年イベントに携わってきた私たちには夢のように美しい世界に映るのです。

POINT

イベントを実施するほど、その地域に良い影響を残せる。イベントと地域の新しい関係性が生まれようとしている。

マインドスイッチ

04

イベントは「何をやるか」から考える

SWITCH!

イベントは「＿＿＿＿＿＿」から考える

「何をやるか」と同じくらい大事なことがある

「目的は？」「ターゲットは？」「具体的なベネフィットは？」。イベントを企画する時にまず思い浮かぶポイントですが、アクセス、会場規模、収容設備、会場費など「どこで行うか」もまた、とても重要な要素です。

「サステナブルなイベントにしよう」と意気込む際には、いつも以上に「何をやるか」の前に「どこで行うか」を考えていかなければなりません。裏を返すと「どこで行うか」次第ではサステナブルなイベント自体が成立しない、そんなこともあり得るのです。

著名アーティストのコンサートの現場でも注目される環境負荷

米歌手のビリー・アイリッシュが「Happier Than Ever The World Tour 2022」で初の日本単独公演を行った際、サステナビリティ意識の高いビリー・アイリッシュ本人の希望で、会場にはペットボトルの持ち込みが禁止されました（マイボトルやタンブラーなどの使用はＯＫ）。

フードブースには、芯付きのトウモロコシ、ポップコーン、そしてきゅうりの一本漬けの3種のヴィーガンメニューが加わり、環境に配慮する彼女のこだわりが実装されました。これは、会場側が対応できたので実現しましたが、実際にメニュー変更などに柔軟に対応してもらえなければ実現しなかった環境負荷低減の仕組みです。

英ロックバンドのコールドプレイは2019年、環境に配慮するためにコンサートツアーを中止すると発表しました。ボーカルのクリス・マーティンは、「次にツアーを開催する時は、環境的に最善の状態のものにしたい。もしカーボンニュートラル（排出されるCO2量と吸収されるCO2量が同じ状態）でなければ落胆する」と話しています。

このように、企業イベントだけでなく、著名アーティストらによるコンサートの現場でも環境負荷低減についての取り組みは、待ったなしの状況になってきました。今後、こうした動きは加速すると見られ、事業として選ばれ存続していくためにも、指摘されてから後手後手で対応するのではなく、先回りして方法を見つけていくことが求められます。

見本市会場でもサステナビリティ国際規格の取得が進む

ストックホルムメッセは、スカンジナビア最大の見本市・展示会の会場であり、毎年多くの学会や国際会議、企業イベントを開催しています。この会場はストックホルム市内から電車で約10分という都心に位置し、会議や企業イベント、展示会、撮影など様々なイベントに対応しています。

特に注目すべきは、ストックホルムで初めてイベントにおける持続可能性の国際規格であるISO20121の認証を取得した見本市会場であること。主催者が持続可能なイベントや会議を開催できるように、ISO20121に基づいたガイドラインを作成。会場としての持続可能性への取り組みは「持続可能なコミュニティ」「持続可能な環境」「持続可能なイノベーション」という3つの重点分野に基づいています。

ISO20121：
サステナビリティに関する国際規格。イベント運営における社会的責任と環境マネジメントシステムに関する要求事項を定めたもので、ロンドン2012オリンピック・パ

ラリンピック競技大会が認証を受けたことで世界的に知られるようになり、東京2020オリンピック・パラリンピック競技大会も認証を取得した。

今回お話を伺って一番印象的だったのは、この施設での様々な取り組みはISO20121の取得を目指して始めたわけではなく、ストックホルムのイベント会場として何ができるのか、良いビジネスモデルになっていきたいという想いが、結果としてISO20121の取得につながったという話でした。まさにスウェーデンでのサステナブル教育、意識が根づいていると感じました。イベントを企画する側にとっても再生可能エネルギー100%、地産地消からなる食の提供など、サステナブルを実現させるには会場自体の選択も大きく影響してくるのが現実です。

ブース資源も施設内で循環

2023年にストックホルムメッセで行われたストックホルム家具フェアでは、主催エリアだけでなく、出展者ブースについても会場内で保管されている耐久性、汎用性の高いパッケージブース「The Nude Edition」を利用し、床、壁、造作を100%リサイクルされたもので構成していました。終了後は廃棄物を出すことなくまた保管される、という循環を生み出しています。

日本でもサステナビリティを意識したブースの選択肢として、トラスやオクタノルムなど、壁や天井にスチールやアルミでできた再利用ができる部材を多用したシステムはあります。しかし決定的に違うのは「運搬」の距離です。ストックホルムメッセでは、この「移動」に関わるフットプリントに着目しています。日本では施工会社が部材を管理しているため、どんなに近い倉庫だとしても、会場外に出すために一度大型トラックに積み込み、運搬する必要があります。一方、ストックホルムメッセで

ストックホルム家具フェアで使われた、
リサイクル素材のパッケージブース「The Nude Edition」。

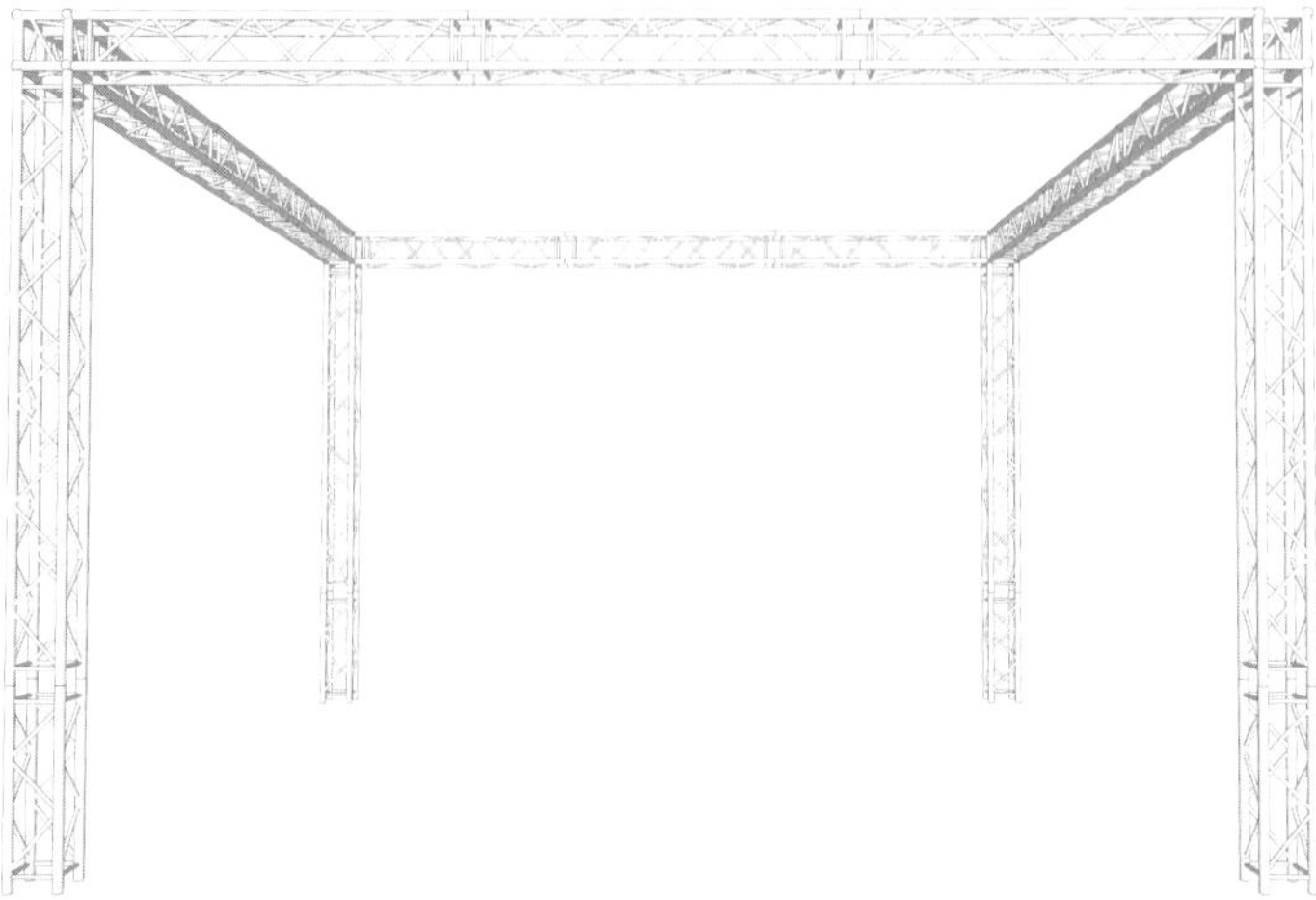

日本のイベント会場でもよく採用されている、トラスシステム（上）、
オクタノルムシステム（下）。

は会場内の倉庫へ再生可能エネルギー100％の電力を使用したフォークリフトで運搬するのみという、圧倒的な環境負荷の差があります。

他にも会場ではサイン制作用に繰り返し使用でき、かつ制作時ですらCO2を発生させないリボードという材料を持っていたり、またリボードを使ってくれた展示会にはポイントを付与するなど、会場だけでなく出展者のサステナビリティに関するモチベーションを高める取り組みがされています。

重要なのは最適な「ベニュー」を見つけること

ここで、私たちの取り組みも少し紹介をしましょう。ベニュー（イベント会場）の選定は電通ライブでも重要だと考えており、2023年にイベント制作会社や企業プロモーション担当者が最適な会場を見つける手助けとなる検索サイト「VENUE LINK」をリリースしました。

キーワードやテーマ（音楽ライブが得意、内装にこだわっているなど）で検索ができるようになっています。今後、ストックホルムメッセのようにISO20121を取得するなど環境に配慮した会場が多く生まれるためには、こうした検索サイトでのキーワードにサステナビリティやDEI関連用語を組み込む、あるいは業界団体の認証を設けるなどして「どこで行う」の当事者である会場側にも自分ゴト化してもらうことが重要だと考えています。

　このように、時として「何をするか」以上にイベントのサステナビリティに影響を及ぼすのがベニュー選びです。その見た目の美しさや進行のスムーズさ、位置、価格だけでなく、それぞれのベニューがどのようにサステナブルなイベントニーズに対応してくれるのか把握し、適切に選ぶことが、サステナブルなイベント運営の追い風になることは間違いありません。

電通ライブが提供する、最適なイベント会場を見つけることができる
イベント会場検索サイト「VENUE LINK」。

POINT

どのような信念を持った会場を選ぶかによって、イベントのサステナビリティは大きく影響される。ベニュー（会場）はサステナブルイベント開催のための、最も重要なパートナー。

マインドスイッチ

05

まず環境負荷低減の
方法を考える

SWITCH!

まず現状の環境負荷を
＿＿＿＿＿＿ことから
始める

見えないままでは、取り組めない

イベントの環境負荷は、企画、場所選び、参加者の移動、食事、装飾、エネルギー、廃棄物など、様々な要素が複雑に絡み合って発生します。これらの要素を個別に数値化し、イベント全体の環境負荷を可視化することが重要です。しかし現状では、イベントの環境負荷を正確に把握することが難しいという課題があります。

難しい理由は、イベントの規模や内容によって環境負荷の要因が異なり、データ収集や分析に必要な専門知識やツールが不足していることなどがあります。特に、人手も経費も限られている現場では後回しにされてしまうこともあります。

DGTLの取り組み：可視化ツールを自前で開発

これらの課題を克服するために、イベントの環境負荷を可視化するためのソリューションが取り組みを大きく後押しします。前述の音楽フェスティバルDGTLでは、イベントの環境負荷と資源・廃棄物の流れを数値化して可視化するツール「EventFlux」

を開発し、オーガナイザーをはじめイベント関係者にサービスを提供しています。

ＤＧＴＬを開催するにあたり、主催者は「全ての面においてパイオニア的」な音楽フェスティバルにするために、音楽だけでなく、参加者体験など様々な要素においても最も先を行くイベントにしたいと考えました。

そして、ターゲットとなるミレニアル世代、Ｚ世代が重要視する要素が環境と気候変動だったため、ＤＧＴＬは最もサステナブルな方法で運営するイベントにすることが決められたといいます。


初開催となった２０１３年当時、彼らはイベント運営におけるサステナビリティに関する知識はほとんど持ち合わせておらず、知識ゼロの状態からサステナビリティに関する知識を学び、イベント運営にどのように取り入れられるかを模索しました。見本となるような前例もなかったため、間違いをしても構わないと決めたそうで、結果としてそこから得る学びに価値があったそうです。

プロジェクトチームでも持続可能なモノづくりに専念するために、サステナビリティ責任者を設置することを決めました。「最高にクールな方法でやろう」を合言葉に、すぐにできるものから取り組み始めたそうです。初年度の開催では、手探りながらもより良い結果を出そうとチャレンジしましたが、その結果わかったことは、廃棄物の多さと環境負荷の膨大さでした。廃棄物量を減らし、温室効果ガス排出量を減らすために、まずは現状を測定し、分析し、優先的に対応する分野を定め行動することが必要だと思い至りました。

現状把握と進捗管理ができなければ、何がどれだけうまくいっているのか、具体的な話ができません。こうした背景によって生まれたツールがEventFluxです。

このツールを使うことで、イベント会場に持ち込まれる資源・廃棄物の流れを可視化し、環境負荷の大きな原因になっている運営上の課題を突き止めることができるようになりました。どこで負荷や廃棄物が発生しているかわかれば、発生させない方法を考え、もしくはサプライヤーやパートナーに働きかけていけばいい。あとは行動に移すだけです。

EventFluxの強みは環境負荷を測定することに留まらず、数字をもとに人々と対話し、新たな解決策を見つけ、最高のイベント体験を提供することにあります。こうしたナレッジとツールを持つＤＧＴＬのもとに、サステナブルな運営を目指す多くのイベント主催者からの連絡が殺到し、今ではこうした他の運営母体に対してもサステナブルなイベント運営に関わるコンサルティングを行うなど、業界全体に大きく貢献しています。

ＤＧＴＬ運営企業の創設者、ジャスパーさんが大切にしているフィロソフィーがあります。「教えてもらっても忘れるかもしれません。見せてもらえば覚えるかもしれません。でも巻き込んでくれたらそこから学びます（Tell me and I forget. Teach me and I remember. Involve me and I learn.）」というものです。

アメリカの政治家ベンジャミン・フランクリンや中国の哲学者孔子の言葉としても知られるこのフィロソフィーは、「自分ゴトとして捉えた時、初めて人は学び、行動することができる」ことを意味しています。私たちがサステナブルなイベント企画を考える時、覚えておきたい言葉です。

POINT

イベント実施に伴う環境負荷について、正しい現状認識ができなければ、打ち手の優先順位も定められない。可視化は、その第一歩となる。

マインドスイッチ

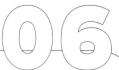

06

初めから完璧に
やらないといけない？

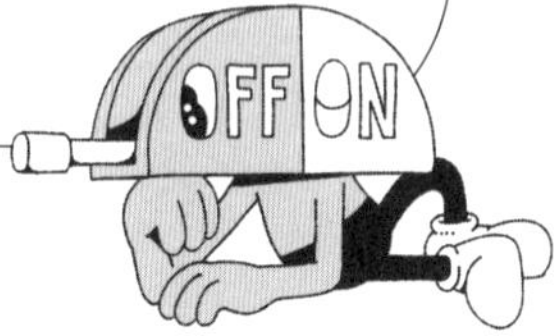

SWITCH!

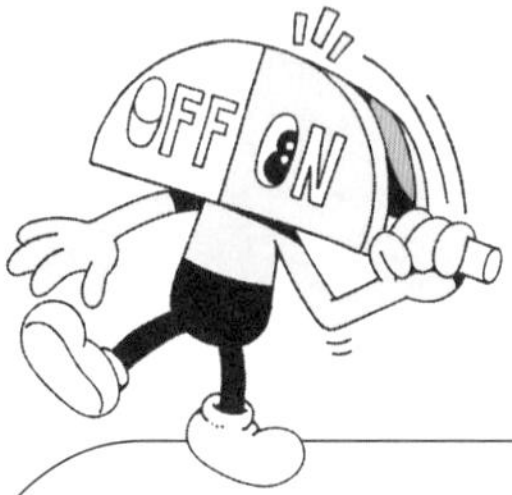

「＿＿＿＿＿＿＿＿＿＿」

の精神でOK

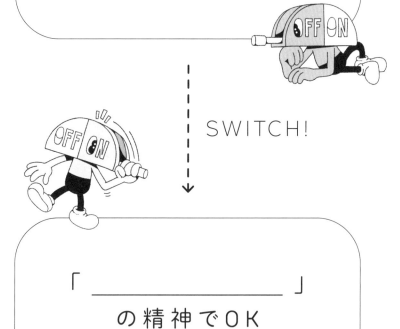

日本人は「初めから完璧に」を求めすぎ？

何か新しいことを始める時、完璧に準備ができた状態にならないと動かない、あるいは発信しない。日本ではついこうした行動をとりがちです。慎重とも言えるのですが、結果出遅れることは往々にしてあるのです。海外に目を向ければ、「Learning by Doing（やりながら学ぶ）」のマインドを持って、不完全な状態でもアクションを起こし、失敗してもそこから学び、切り替えて次のアクションを起こしている国もあります。そんなチャレンジ精神旺盛な国の一つが、サーキュラーエコノミー先進国のオランダです。

オランダに根づく「やりながら学ぶ」の精神

「前例のない活動にも実験的に取り組む」。オランダでは、こうした考え方が自然に存在しています。民間企業に限ったことではありません。政府・自治体・銀行・病院・大学など、あらゆる組織や団体、個人に至るまでがそうしたマインドを持ち合わせているのを多くの場面で目の当たりにします。世界初の取り組みやプロジェクトが生まれる変革の土壌が国民に根づいているのです。

サーキュラーエコノミー先進国と言われるゆえんは他にもあります。国土の4分の1が海抜0m以下にあり、昔から風車を利用して水をくみ上げ、運河に流して土地を干拓してきた歴史があるオランダでは、国の歴史は水との戦いの歴史そのものです。海面が少しでも上昇すれば自分たちの国が水に沈むかもしれないとあっては、国民の環境へ対する意識も高いことが頷けます。

低地であるが故に、オランダでは多くの都市や街が水路に囲まれていますが、運河は都市計画において重要な存在に位置づけられています。水辺では大小様々なサーキュラーエコノミーに関する取り組みが行われています。

オランダにおいて、行政がバックアップしながらスモールスタートさせている共通点のある3つの取り組みを見ていきましょう。

小さく始めるからこそ大きくできる

アムステルダム市内のとある運河が、大きな川に合流する手前の地点。そこに自転車を止め、目を凝らすと、対岸に向かって直角ではなく、45度くらいの確度でブクブクと泡立つラインができています。この泡の正体は、川底に設置されたチューブから出る泡によって水中のプラごみをせき止め、水の自然な流れで収集システムに溜めていく「Bubble Barrier」という装置です。

この装置は、24時間365日稼働し、運河からのプラごみが北海に流入するのを防ぐ、プラごみ対策の先駆的なソリューションです。プラごみを回収するためには、本来なら川に網を張り、掛かったごみをどうにか取って、また川に網を張り直す、そんな手間が掛かるイメージがありますが、驚くべきことにそうした行為が全て削ぎ落とされているのです。浮遊するプラごみだけでなく水中に漂う小さなものもキャッチ、道具を使うことなく自然の力で回収、運河を行き来するボートや魚の邪魔もしない、まさに非の打ち所がないソリューションなのです。

こんな素晴らしい取り組みを、なぜ泳いででも渡れそうな小さな運河でやっているのだろう。疑問に思ったのは一瞬でした。「前例のない活動にも実験的に取り組む」というオランダらしいマインドが、まさに目の前で繰り広げられていたのでした。大きな川で取り組む前に、小さな運河でスモールスタートしていたのです。

このプロジェクトは、スタートアップ企業「The Great Bubble Barrier」が、アムステルダム市と水管理委員会の委託を受け実現したもの。確かにこの運河の川幅は狭く、流れる水も多くありませんが、ここで試行錯誤し、わかったことから成功を積み上げ、

アムステルダムの小さな運河で実験中の
プラごみ回収システム「Bubble Barrier」。（撮影：松野良史）

よりスケールアップした実施が可能になるはずです。このように、行政がスモールスタートを積極的に支援する姿勢も、オランダのサーキュラー・イノベーションを加速するカギとなっています。

住民の取り組みを自治体がバックアップ

続いて、開発に10年以上取り組み実現した、水上に浮かぶ住宅群「Schoonschip（スホーンスヒップ）」を紹介します。Schoonschipはオランダ語で「きれいな船」を意味します。ヨーロッパで最も持続可能な水上都市開発を目指す、ボトムアップ型のコミュニティイニシアチブです。

循環型のソリューションでつながった家々を水上に浮かべることは、海面上昇への適応戦略となるだけでなく、水位上昇による浸水被害や高潮への対応策としても注目されています。このプロジェクトは、２０１０年にエネルギー自給のコミュニティを作りたいという熱意ある小さな自発的なグループによるスモールスタートから始まりました。

彼らは友人や家族を通じて、志を同じくする人々を集めることから始め、コミュニティの目標が書かれたマニフェストに署名しました。私たちが訪問した時は、45世帯が生活していました。一つの住宅の中も拝見しましたが、陸上の住宅となんら変わりはありません。外が大嵐の時はさすがに揺れるそうですが、それでも心地が良いから住み続けられるのでしょう。

住宅群は、持続可能なコミュニティモデルを中心に設計され、住民同士がエネルギーを共有できるソーラーパネルのスマートグリッドを備えています。この住宅群全体が一つの電力会社のような存在です。さらに、住民は水中の熱交換器を使用して暖房と冷房を行い、排水からエネルギーと栄養素を回収する水処理技術も採用していま

水上に浮かぶ住宅群「Schoonschip」(公式ウェブサイトより)。
(Photo: Isabel Nabuurs)

す。

また、下水は雑排水（シャワー、洗濯機などから）を流すグレーラインと、汚水（トイレから）を処理するためのブラックラインと呼ばれるルートに分けて処理され、ブラックラインは浮遊処理装置（消化槽）に移送・消化されてエネルギーに変換される計画です。それ以外にも数多くの特徴的な取り組みが見られました。

○各住宅は水の上で建てられ、ボートにより牽引&設置
○住宅は断熱性が高く、低温の床暖房を使用しているため、家の中の温度は一定
○エコロジカルな断熱材は、断熱だけでなく、防音、水分管理、保温／冷蔵に有効
○住宅間は見通しよく隔離
○全ての家の屋根には1／3を覆う植栽
○初期投資が高いが、光熱費はほぼゼロ
○住宅群の中で電気自動車、電動自転車、カーゴバイクなどをシェア
○鳥が巣を作れる浮遊庭園を設置
○水質浄化植物による実験

このプロジェクトに対しても行政がバックアップ。アムステルダム市は土地の権利を提供し、プロジェクトの設計と計画に協力しました。

まずは始めることに意味がある

3つめは、官民一体型のサーキュラーエコノミー実験区「De Ceuvel（デクーベル）」です。元々造船所であったこの場所は、船や工場から流出した物質で土壌が汚染されているのが問題でした。アムステルダム市は、この地域の再生について、民間企業からの提案を募りました。多くのプロジェクトが土地を埋め立てて新たな建築物を作ることを提案する中、建築家グループSpace & Matterは、現地の大学と提携し、毒素を抜く植物を計画的に植えていく手法を用いて土壌を回復させること、またボートハウスをオフィスにアップサイクルし、入居者からの賃料でコミュニティを運営することなどを提案し、それが評価され実現に至っています。

オランダは運河が多く、係留したハウスボートで暮らす人も多くいるため、たとえオフィスがボートだとしても、日本人ほど違和感がないのかもしれません。

実験区であるこの場所は、スホーンスヒップとは趣が異なり、いたるところにアートが施され、自由と創造性が追求されていました。汚染された街でどう暮らすか、これを解決するために、ここでもサステナビリティに関するいくつもの取り組みを実践しています。

ボートハウスをオフィスにアップサイクルする以外にも、廃棄されるはずだった古いボートハウスを解体してレストランの内装に再利用。すべてのオフィスボートには空気／空気ヒートポンプが装備され、船から出る空気の熱のうち60％を室内で再利用しています。

キッチンのシンクからの排水は、各ハウスボートに隣接して設置された分散型黒藻濾過システムで処理。太陽光発電にも当然のように取り組み、150枚を超える太陽光パネルから年間3万6千キロワットの電力を生成。計測器により大気の質をより明確に把握する試みも行われています。

デクーベルで採用されているファイトレメディエーションという環境修復技術は、植物を用いて、土壌や水などから汚染物質を除去するものです。ほぼ1世紀にわたる重工業によって地下地域も汚染されていることから、重金属をたくさん吸収できる植物を使用して再生を試み、汚染された土砂を他の地域に移動させないようにしているのです。まさに自然を再生する、リジェネラティブな取り組みです。

そして、アクアポニックス温室も導入。アクアポニックスは水耕栽培と養殖を掛け合わせた次世代の循環型農業で、魚の排泄物を微生物が分解し、それが栄養として野菜に吸収されます。そして浄化された水が再び魚の水槽へと戻るという、生産性と環境配慮を両立した農業なのです。

実際に水槽や温室も見学したところ、水槽にはコイやナマズが泳いでおり、温室にはオーガニックな肥料でトマト、バジル、パセリが育っていました。非常にコンパク

サーキュラーエコノミー実験区「De Ceuvel」（公式ウェブサイトより）。
©Arne_Elgersma

トではありましたが、これもまたスモールスタートです。商業的な展開を目指すにはまだまだ課題が多いかもしれませんが、やりながら学ぶ、をまさに実践している拠点です。
日本では、電車は時間通りに到着し、ハイクオリティの製品に囲まれ、美意識や整然さが行き届いています。そんな日本の完璧主義も素晴らしいですが、未曽有の事態が重なる現代には、いったんこのマインドを離れ、失敗を恐れないサステナマインドにスイッチし、できることからチャレンジすることが求められていると感じました。

POINT

「Learning by Doing（やりながら学ぶ）」のマインドを持ち、スモールスタートすることで、次のアクションが見えてくる。

マインドスイッチ

07

「3R」の
実践が大事

SWITCH!

「＿＿R」の
実践が大事

リサイクルすればサステナブル？

日本では「3R」（リデュース、リユース、リサイクル）の考え方が早くから浸透しましたが、実は100％リサイクルに回しても資源のロスが生まれます。オランダでは、その先を行く「10R」の考え方で建築物を作る専門集団に会いました。

アムステルダムの中でも、クリエイティブスタジオやデザインスタジオなどの企業が集まるエリアHouthavens（ハウトハーヴェンス）に位置するワーキングスペース「DB55」。ここをデザインしたのが、自らもここに入居するサーキュラー建築の専門集団Furnify（ファーニファイ）です。DB55の高いデザイン性に驚きながら足を踏み入れてすぐ、さらに驚くこととなりました。この空間すべては廃材からできているというのです。

資源と製品寿命を延ばすには、上位のRを優先すること

ファーニファイでサーキュラー建築専門家として働くヤニーナ・ニーパーさんは、次

のように話してくれました。

「私たちは建築専門家として、仕事をするたびに廃棄物を作ってきました。ご存じでしょうか、家具の寿命は年々と短くなってきていることを。例えばソファーのライフスパンを見てみると、1985年の14年に比べて2019年には6年と57％も短くなっています。品質の低下もありますが、大きな要因はライフスタイルの変化です」

「これは家具だけに限った話ではありません。あらゆる経済は変化し、製品の寿命は短くなっています。その結果、1000億トンのバージンマテリアルが使われ、7・2％しか循環していません。つまりそれ以外は廃棄されているのです」

「私たちのミッションは、美しいインテリアデザインには一切妥協せず、同時に空間設計におけるサーキュラーエコノミーを当たり前のものにすることです」

こうした設計を可能にするために大切なのが「10R」の考え方であり、10のRがはしごのように上から順に並ぶことから、Rのはしご＝R-Ladderとヤニーナさんは呼んでいました。上からRefuse（不要にする）、Rethink（再考する）、Reduce（削減する）、Reuse（再利用する）、Repair（修理する）、Refurbish（修復する）、Remanufacture（再製造する）、Repurpose（別の目的のために転用する）、Recycle（リサイクルする）、Recover（熱回収する）と10のRを並べ、上から優先すべきという順位づけをするサーキュラーエコノミーの考え方です。

例えば、リサイクルのように素材に戻して作り直すことよりも、リペア（修繕）して使い続ける方が優先されます。はしごの上にあるステージの方が、環境負荷や資源循環効率、資源価値を鑑みた上でより優先順位が高くなっています。

日本でよく知られる「3R」では不十分で、実際にサーキュラーエコノミーへの移行のためには、「10R」。それも、上に行けば行くほど環境負荷が低く、資源価値が高いため優先される、という点をマインドスイッチする必要があります。

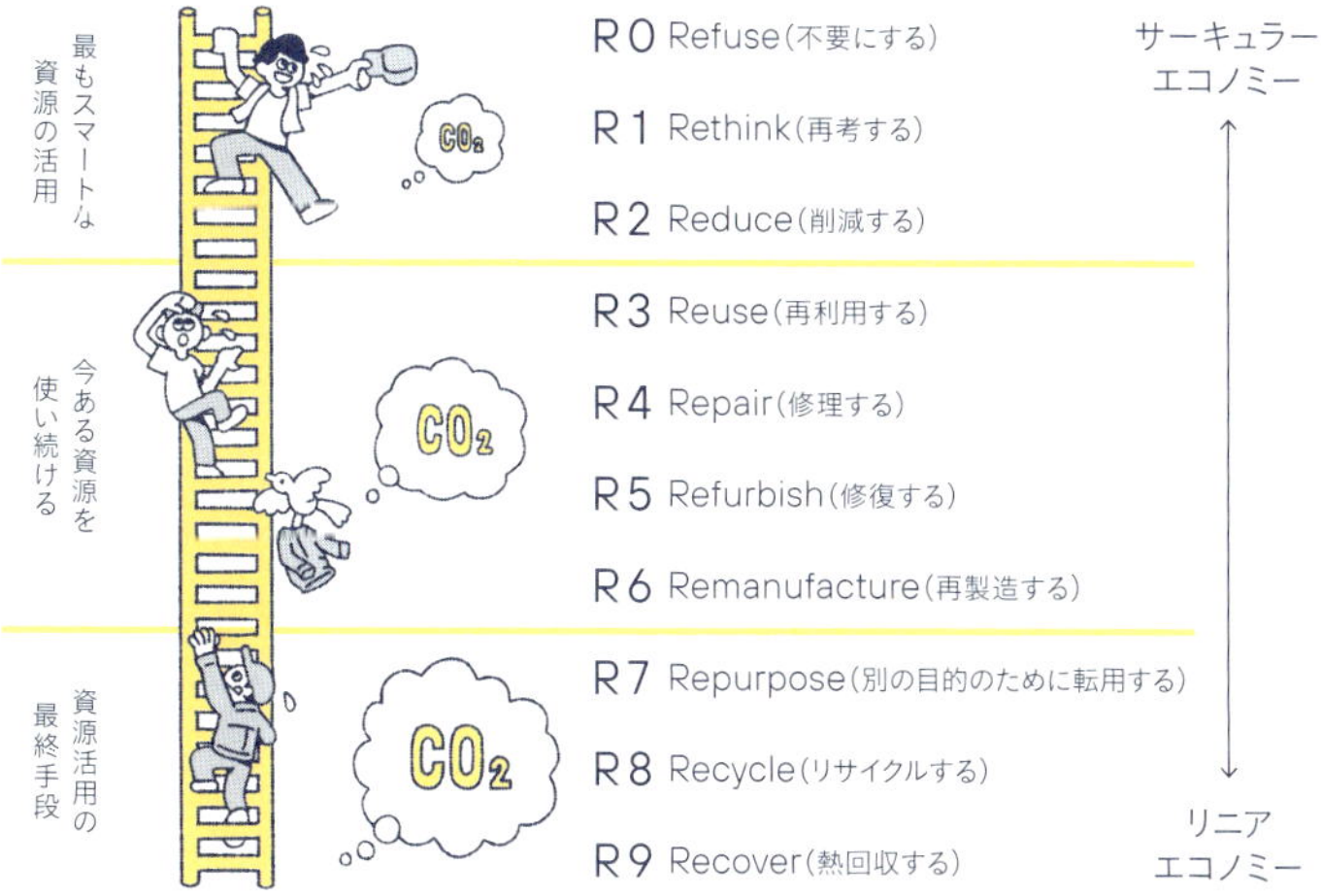

10のRを優先順位順に並べた、Rのはしご「R-Ladder」。
上に行くほどCO_2排出量を減らせる。

サーキュラーデザイン実現のカギは柔軟性

10Rを実践する空間設計をするための考え方として、空間をゾーニングせずに使用用途に合わせて変化させる「Blended use（ブレンディドユーズ）」があります。例えば、昼間はオフィスで夜になるとレストランとして利用できるといったように、仕切りのない空間にキャスター付きのテーブルなどを置いて、レイアウト変更を容易に行えるようにします。実際、DB55では普段はミーティングスペース兼階段だった場所をステージに変え、オランダの有名アーティストのショーを行ったこともあるそうです。

リサイクルは唯一の解決策であってはならない

1回のリサイクル
2回のリサイクル
5回のリサイクル
RE1
RE2
RE5
どんな製品でも1回リサイクルすると
素材のうち20%が失われる
リサイクルした結果、(約5回で)ほぼすべての資源が失われてしまう

リサイクルは、1回行うたびに20%の資源が失われる。つまり、すべての解決策にはなり得ない。（エレン・マッカーサー財団「Introduction to circular design」をもとに作成）

デザインプロセスにも特徴があります。例えば、見つけたセカンドライフの素材はしばしばサイズが合わなかったり、必要な個数が揃わなかったりします。例えば、この写真の階段。実は階段に合わせて天井の高さを変更したそうです。つまり素材に合わせてデザインを変える、素材優先のデザイン手法をとっています。これを実現するには、デザイナーが従来のスキルに加えて柔軟なデザインマインドを持つことが必要になります。デザイン性が高く、かつサーキュラーなデザインであることが結果的に選ばれることにつながります。

こんな例もありました。バーカウンター

ワーキングスペース「DB55」では、他の建物で使われていた階段を使うため、天井の高さを変えた。（写真提供：Furnify）

に目をやると、タイルになにやら品番の書いてあるラベルシールがついたままになっているではありませんか。よく見てみると、場所によって品番が違っています。これは業界ではよく見られるサンプルの余りを使って壁面をデザインしたとのこと。サンプルは色が不揃いで余っても他の用途で使いにくく、モザイクのようにして使われることがあります。しかしＤＢ55の雰囲気に合わないためデザイナーは裏面を使うことを決めました。なぜなら裏面の素材の色は統一されているからです。これはまさに逆転の発想です。

こうしたセカンドライフ素材活用のための戦略が所狭しとちりばめられており、基

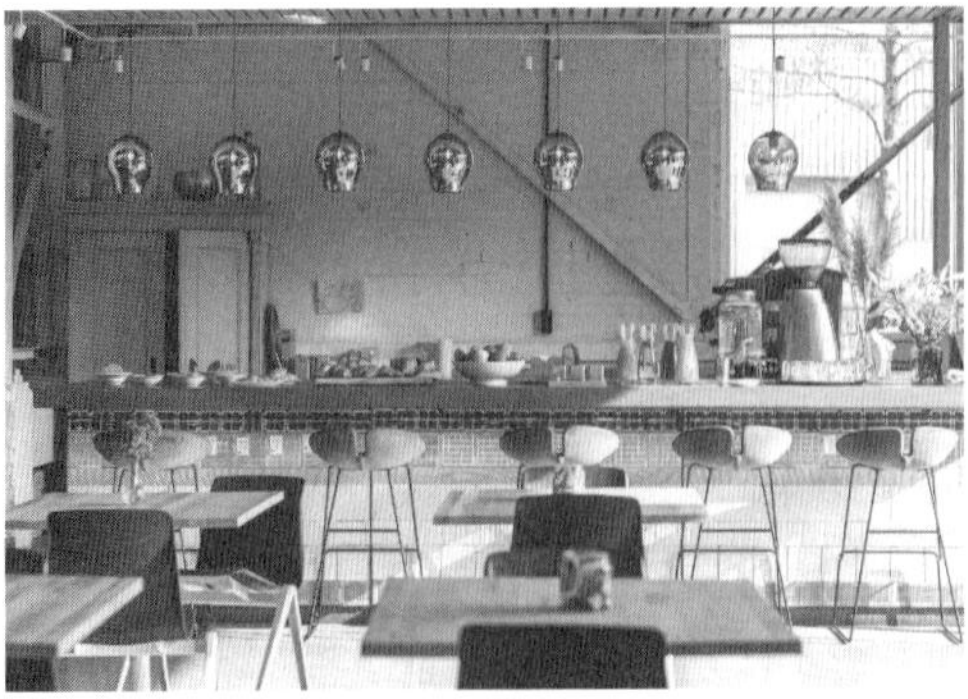

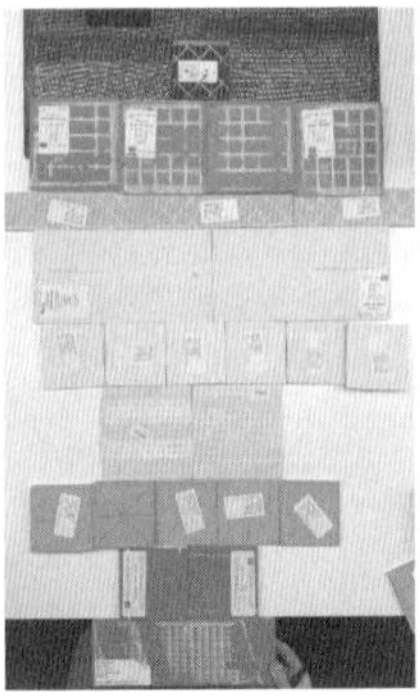

裏返したサンプルのタイルを利用したバーカウンター。（写真提供：Furnify）

礎の鉄骨を除いては、全てがアップサイクルされたもので制作されていたことに後から気づかされます。

資源が乏しかった日本では、素材を大切に使う技法や建築様式が今でも多く残っています。日本家屋が良い例です。しかし聞くところによると、解体した古い建材などを利用しようと立派な丸太を大切に取っておいたとしても、現代の規格に合わず使えないといった事態が発生しているそうです。

価値があるものが、デザインの非柔軟性に弾かれてしまっているわけです。今必要とされるのは、ヤニーナさんが教えてくれた通り、素材に合わせたデザインの柔軟な

もともと倉庫だったという大きな空間。（写真提供：Furnify）

変更なのではないでしょうか。これは日本の昔ながらのやり方を学び直すことにも重なるでしょう。素材に合わせてリデザインすることができれば、建物自体がストーリーを宿した、愛着のデザインまでもが可能になります。

POINT

資源ロスをなくすには、優先順位の高い取り組みから実行していくことが大事。セカンドライフ素材を活用するためのポイントは、デザインの柔軟性。

マインドスイッチ

08

まず取り組むべきは
プラスチック

SWITCH!

イベントにおいては
＿＿＿＿＿＿にも目を向けよう

プラスチックだけが悪者？

環境問題といえば、数年前から海洋プラスチックを端緒に「プラごみ」問題が世間の注目を集め続けています。紙製のストローやマイバッグもすっかり浸透した印象です。しかし、ことイベントにおいては、プラスチックと同等、もしくはそれ以上に向き合うべき問題があります。それが食品廃棄物の問題です。

食品廃棄物を電気や熱エネルギーに変換する

オランダプロサッカーチーム、アヤックスのホームスタジアムである、ヨハン・クライフ・アレナ。伝説のフットボーラー「空飛ぶオランダ人」こと、ヨハン・クライフの功績を称え、スタジアム名称になっています。サッカーやクライフ好きにとっては、興奮を抑えきれない、最高の場所です。そんなスタジアムで先進的な取り組みをしているスタートアップがあります。

ウェイスト・トランスフォーマーズ社は、食品廃棄物を電気や熱エネルギーに変換するソリューションを提供している会社です。有機廃棄物（食品廃棄物）の扱い方を変えるよう人々に促しながら、経済的・社会的・環境的利益のバランスをとることができるビジネスモデルを確立しています。

このスタジアムには、食品廃棄物から年間4万1千キロワット相当の電気エネルギー、7万6千キロワット相当の熱エネルギーが得られるプラント（変換機）が設置されています。さらにそれだけでなく、地元のオフィスビルなどからも食品廃棄物を回収し、エネルギーや堆肥に生まれ変わらせ、雇用を生み出しています。地元学生にサステナビリティ教育の拠点を提供したり、行政・銀行・大学・病院・障害者雇用会社なども連携をしています。食品廃棄物を回

食品廃棄物からエネルギーを生み出すプラント（変換機）。
幅が約20フィート（6m）、日本のマイクロバスほどのサイズ。（撮影：松野良史）

収するものはもちろん電気自動車で行い、温室効果ガスの排出ゼロを実現しています。

ウェイスト・トランスフォーマーズのロベルト・ヴォルピアーノさんは、次のように課題について指摘します。

「最近の環境トピックスといえば、プラスチックの話ばかりが取り上げられますが、世界全体で生産量の3分の1が廃棄されている食品廃棄物もまた、大きな課題です。数字にすると約13億トン。世界全体の温室効果ガスの約30%は食料生産に起因し、CO2やメタンの発生を引き起こしています。1キログラムの食品廃棄物を埋め立てることは、2万5千本のペットボトルを埋め立てるのと同様の環境インパクトがあるのです」

食品廃棄物はその処理に環境負荷がかかるだけでなく、廃棄物の輸送のためだけにさえも年間8600万キロメートルを車両が移動し、これにより17万7347トンもの温室効果ガスが発生しています。これは270万本の木が一年間に吸収する量に該当します。

このプラントは、食品廃棄物などの有機物を微生物の作用によって分解し、バイオガス（主にメタンとCO2の混合ガス）を生成する装置であり、生成されたバイオガスは電気や熱などのエネルギー源になり、一部は天然肥料として利用されます。

こうして生成されたエネルギーや天然肥料は排出者に還元されます。このように、食品廃棄物の排出者が、自らの廃棄物から経済的価値と環境的価値を引き出すことで、地域内での持続可能な食品生産が可能になり、循環できるのです。

ウェイスト・トランスフォーマーは、IKEA内のレストランやホテルなどで実証導入・利用されており、すでに複数国で展開されています。

余分にないと失礼という文化を変える

イベント業界でも、食品ロスは身近なものです。例えば、見た目にも豪華で、オペレーション的にも効率的なビュッフェは多くのイベントで提供されています。一方で、ビュッフェはコース料理に比べると食品の廃棄量が多いことでも知られます。イベント主催者にとっても、万が一足りなくては困るため、多めに注文しますし、会場側もビュッフェに並ぶ食事の量が常に「豪華」であるように、残り少なくならないよう目を光らせています。ビュッフェだけでなく、キッチンカーや飲食ブースで作りすぎることもあるでしょう。

また、お弁当も良い例です。イベント規模に比例してその数も大きくなりますが、「食い物の恨みは怖い」と言われるように、足りないのは致命的と、予備も入れて多めに頼むシーンをよく見かけます。結果余ってしまって、数名の人間がもったいないと一人で3つ食べたり、持って帰ったり、それでも消化できず廃棄することになり、毎回罪悪感に苛まれているのです。

こうした状況を防ぐためには、まずはできるだけ現実的に食べ切れる量を作り、廃棄物の発生を防ぐこと。もし無駄が出てしまったら、食べてくれる人を探すこと。それが難しければウェイスト・トランスフォーマーのようなソリューションでエネルギーや堆肥に変換できるのがベストです。

前述のオランダのスタジアムでは、敷地内にコンポストも設置し、作られた有機肥料を地域に無償配布しています。イベント主催者ではなくイベント施設（スタジアム）がこうした機能を持っている点が素晴らしいと思います。イベント施設に備わっていれば、イベント主催者がイベント会場を変えるたびに余った食品のもらい手をその地域で新たに探す必要がなく、さらには廃棄物を移動させる必要もなく、地域の中で循環させることができるためです。

POINT

プラスチック問題以上に身近な、イベントの食品廃棄物問題。食品の廃棄を減らすには、発注者の意識の変革と、食品廃棄物が循環できる処理方法を持つこと、その両輪が必要。

マインドスイッチ

09

結果が出ていないのに、
情報発信はできない

SWITCH!

＿＿＿＿＿＿であっても、
情報発信した方がいい

サステナビリティに関わる発信は明確さを第一に

第2章でも触れましたが、ＳＤＧｓのロゴデザインやコミュニケーションシステムを構築したスウェーデン出身のクリエイティブディレクターのヤーコブさんは「意味のないものはすべてそぎ落とす」がモットーであり、何かを伝える時は、すべての人が理解できるシンプルな言葉を選び、使うことが大切と語っていました。

ストックホルムに拠点を構え、活動するデザインエージェンシーＢＶＤもまた同様に、「Simplify to Clarify（シンプルにして明確にする）」というフィロソフィーを掲げています。彼らは、ブランドアイデンティティ・パッケージデザイン・サステナビリティシンキングの３つにフォーカスして事業を展開し、インテリアのＩＫＥＡ、ファッションのＨ＆Ｍ、飲料のコカ・コーラ、コンビニチェーンのセブン-イレブン、航空会社のルフトハンザ、電気自動車のポールスター、家電のエレクトロラックスなど、幅広い業界のクライアントのプロジェクトを担っています。

シンプルに伝えることは、誰しもが意識したいと思いながらも、時として困難に感じるものです。「Simplify to Clarify（シンプルにして明確にする）」というフィロソフィーは、表現とは裏腹に、複雑さを理解し受け入れ、そこに必要な視点を組み込み、あらゆる角度から物事を見て探求し、ようやくたどり着くことができる境地なのであろうと想像します。

ＢＶＤが拠点とするのは、元々醸造所だった場所を改装したオフィス。シンプル・デザイン・サステナビリティ、これらがどう絡みあってコミュニケーションにつながっていくのか、訪問前から非常に興味がありました。

中に入ると、まず大きな「Simplify to Clarify」というサインが目に飛び込んできます。迎え入れてくれたのは、コミュニケーション・ストラテジストのカレ・ボーアさんとアナ・ペダーセン・カノさんです。地球が非常に深刻な状況であることに加え、人間の血液からもマイクロプラスチックが検出されるようになっていることなど、私たちの身の周りで起き始めていることや、私たちの置かれている状況について深刻な表情で話しながらも、今社会が向かっている方向は悪くないと言います。

気候や自然、人々を取り巻く環境社会が危機的状況であることを国連やEUは広く理解するようになりました。公的機関が事態の深刻性に気づき、これに伴い法規制を変えるといった変化が見え始めたことは非常に喜ばしいこと。また、サステナビリティについての取り組みを発信する上で、何を言って良いのか、何を言ってはいけないのかといった明確な規制ができ始めたことも大きな前進です、と語っていました。

ストックホルムの街を歩いている時や、買い物している時などに感じましたが、スウェーデンではサステナビリティに関する認証マークが非常に多く使われています。基準が設けられていることは良いことである一方、実はこの認証マークが問題になっています。というのも、あまりにも認証が多すぎて、消費者もどれが良いのかわからなくなってきているのです。今後、よりわかりやすいコミュニケーションを求め、減らすための誘導が進められるといいます。

また、こうした認証マークの中には、科学的根拠や第三者機関の証明ができず、グリーンウォッシュが懸念されるものも含まれているため、その信憑性が疑わしければ淘汰される可能性もあります。サステナビリティに関する認証をまだまだ目にする機会の少ない日本とは全く逆の状態だと感じました。

「グリーンウォッシング」と「グリーンハッシング」

一方で、企業がサステナビリティについて情報発信すると、良いところについて目を向けられることは少なく、やっていないことを批判する声が多く寄せられます。環境負荷や廃棄を生み出しているのに良いことをしていると主張するのは虚偽とみなされ「グリーンウォッシング」であると指摘されます。

実際にこのグリーンウォッシングを防ぐために、欧州議会は新しい規制の導入を決めました。企業に対して、証拠のない一般的な環境主張や、未承認の持続可能性ラベルを禁止する方針で、製品の環境への影響、耐久性、修理可能性、構成、製造と使用に関する情報提供を求めることになります。２０２４年1月に欧州議会はこの合意を承認し、ＥＵ各国は24カ月以内にこの規則を国内法に組み込む必要があるのです。

しかし誰もが完璧でない今、こうした逆風に押される形で取り組みについて口を封じられ、発言できなくなってしまうとすれば、非常にもったいなく思います。こうした論調の中では、せっかく前向きな取り組みをしても、発信するのをやめよう、静かにしておこう、控えておこう、となってしまいます（このように発信を控えることを「グリーンハッシング」と表現します）。

発信することとしないことの見極めや舵取りが非常に難しい中、大事なのは、勇気を出して声をあげること、より視座の高い目的地を示すこと、そして透明性をもったリアルな発信ではないでしょうか。

スタートアップは生まれながらにサステナビリティに関する意識が標準搭載されているように見えたりもしますが、歴史ある大きな企業では、透明性やサステナビリティを新たに搭載することが新しいチャレンジになります。今まで作り上げてきたものに取り込んでトランスフォームする必要があるので、大きな苦労が伴いますが、変化は生み出さなければいけないのです。

スタートアップは小さなヨット、大手企業は大きな貨物船に例えられるかもしれません。小さなヨットはスイスイ、大きな貨物船はなかなか動かすのが大変ですが、動けば大きな効果や影響をもたらすことができます。

サステナビリティを真に理解し、社会に向け発信することは難しく、何を伝えるべきか、または伝えるべきでないかという点においてシンプルな答えはありません。こうした中でも、ＢＶＤ社が提案するのは次の点です。

長期のサステナビリティ・ビジョンを今日のアクションと「正直さ」で紐づける

スウェーデンの電気自動車メーカー ポールスターの事例には、グリーンウォッシング回避のヒントが多分に含まれていました。同社は、車両を構成する各パーツが、どれだけサステナビリティに配慮されているか、マテリアルリサイクル率を示したデータを公表しています。

電気、内装、外装、シャーシなど、よく見ると１００％リサイクルできているパーツはありませんが、目標に向かう途中経過を顧客に明確に伝えるコミュニケーションと感じられました。不完全であっても、目標達成に向けて、気候科学に沿いながら歩みを進めるジャーニーの一部として発信することが、透明性や信頼性を高めることにつながるのです。取り組みをやっている、と言うだけでは、消費者には何も伝わりません。企業は未来に向かって改善していくためのスターティングポイントに立つ勇気を持たなければならないのです。

同じくスウェーデンの自動車メーカーVOLVOは、30年以上前に感服に値する新聞広告を日本でも掲載しています。そこには「私たちの製品は、公害と、騒音と、廃棄物を生みだしています。」とあります。そして、「だからこそボルボは、環境問題に真剣に取り組みます」と続くのです。不完全であることを正直に言うことは悪いことではなく、いま現在完璧なソリューションは無くとも、ゴールまでのジャーニーと捉え、今できることを発信するという意識が、30年も前から根づいていたのです。

一方、日本国内における企業と消費者のコミュニケーションに目を向けると、数件でもクレームが発生しうるならば発信すること自体を控えようとなりがちです。しかし、環境と社会にとってポジティブな影響を生み出すための取り組みなら、様々な意見があったとしても、企業としてブレない姿勢が時として必要なのかもしれません。

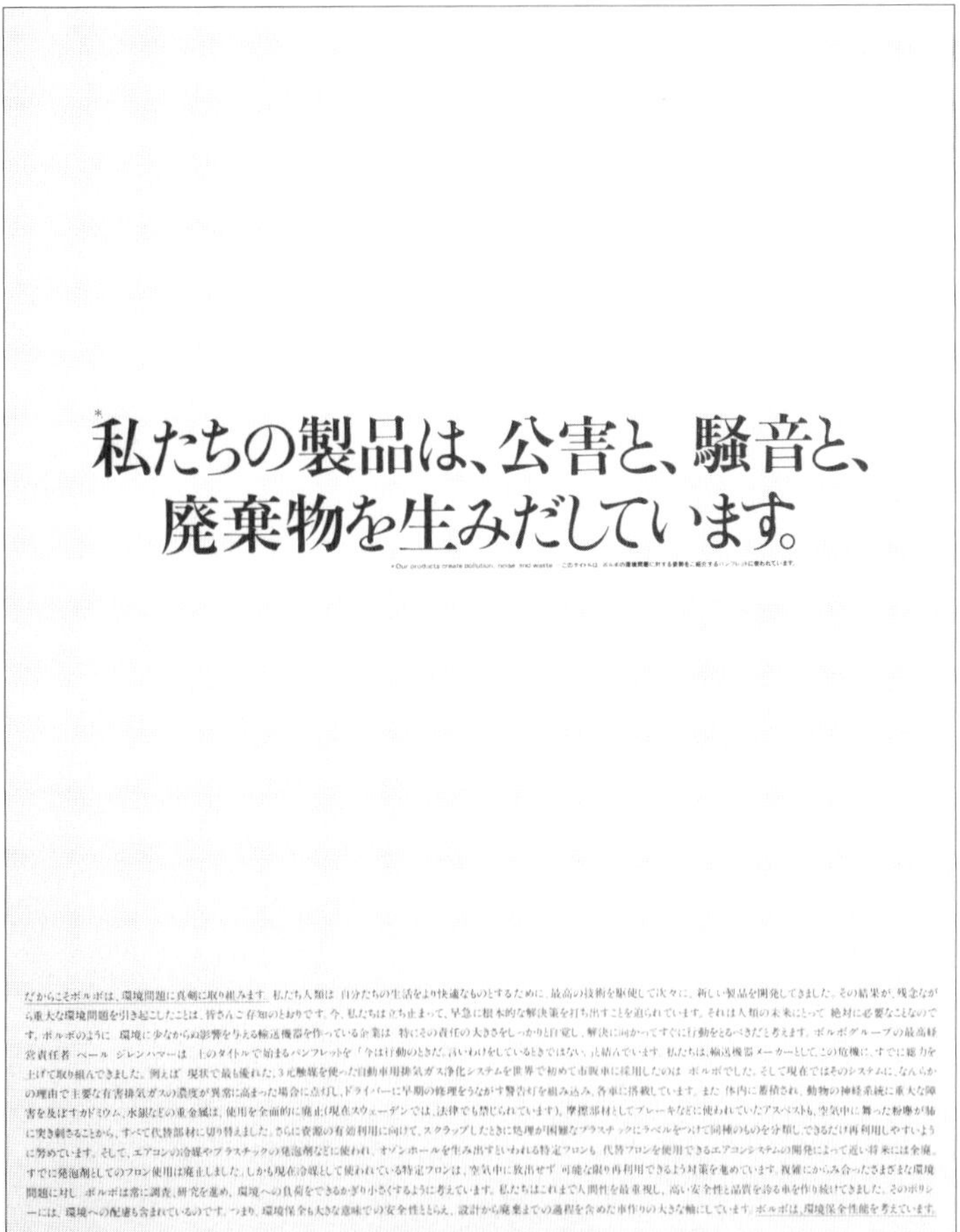

1990年に出稿されたVOLVOの新聞広告。(広告会社:コモンズ株式会社)

POINT

まだ目標達成の途上でも、科学的根拠とともに歩む道のり自体を発信することには意味がある。それは、透明性や信頼性を高めることにつながる。

マインドスイッチ

10

イベントに「モノ」の消費はつきもの

SWITCH!

本当に必要なのは「モノ」でなく ＿＿＿＿＿＿

モノからコトの時代に、必要とされる「価値」を改めて考える

日本では、2021年にデジタル庁の発足、2023年に閣議決定した「デフレ完全脱却のための総合経済対策」のテーマの一つにDXが組み込まれるなど、国規模でデジタルトランスフォーメーションの勢いが加速しています。

自治体DXなどの行政レベルから製造・金融・不動産を始めとした産業レベル、身近なところではCDや書籍のデジタル化、NFTや仮想通貨など、人間の生活のなかの多くのものがデジタルに置き換えられてきた実感があります。

また、デジタル化が進むにつれて人々が求める「価値」も大きく変わってきており、特にNetflixやAmazonプライムの動画配信、Spotify、Apple Musicの音楽配信、最近では住宅やクルマに至るまでサブスク化が広がり、CDやDVD、住宅やクルマなどの「モノ」を所有するという価値から「観る」「聴く」という「コト」を体験する価値を求める時代に入ってきています。もちろんサステナブル領域も例外ではありません。むしろ「価値」を見直すことで新たなサステナマインドが生まれるのではと考えています。

多くの人が行き交う空港だからこそサステナビリティ・ハブに

事例を説明する前に、その取り組みの舞台であるスキポール空港について簡単に触れたいと思います。アムステルダムにある国際ハブ空港であるスキポール空港は、世界で3番目に国際線の航空旅客数の多い空港で、年間約2550万人の利用があります（2021年「Annual World Airport Traffic Report」より）。

過去にはヨーロッパのベスト・エアポート賞も受賞するなど、利用者からの評判が非常に良く、サステナビリティの分野でも先進的な空港として知られています。

アムステルダムのスキポール空港。（撮影：西崎龍一朗）

2018年からは、100%再生可能エネルギーで事業が運営されています。空港内のショップ「Up To Do Good」では、持続可能な方法で製造された商品、例えば果物の皮から作られたレザー製品やペットボトルから作られたレインコートなどが販売されています。同店で提供されるコーヒーもフェアトレードのもので、私たちが空港を利用する時は無意識にサステナビリティに配慮した行動がとりやすい環境になっています。

欲しいのは「明るさ」照明器具の販売から「LaaS」への転換

そんなスキポール空港では、照明の運用においても革新的なビジネスモデルが採用されています。一般的に、照明メーカーにとってのビジネス機会は、「照明器具の交換」にあるとこれまでは考えられてきました。しかし、それではメーカーは照明器具が定期的に切れないと商売にならず、長持ちする高効率のものを作ってしまってはビジネスにならない、という環境的には非常に悪いループに入ってしまいます。

そこでスキポール空港は「Light as a Service（LaaS）」を取り入れました。LaaSでは、従来のようにメーカーは照明器具の提供をするのではなく、照明に必要なサービス全て（器具および照明のための電気料金、メンテナンスなど）を提供し、空港はその対価を支払います。欲しいのは光であり照明器具ではないためです。

価値を見直すことで、メーカー側の収益ポイントも変化します。「照明器具を交換して売上を立てる」から、「照明を高効率にしてなるべく電気料金が掛からないようにし、利益を最大化する」へ。結果として、環境にも負荷が掛かりづらい商品開発などにつながる取り組みとなっています。

廃棄するスタイルから脱却するプランニングを

イベントにはモノがあふれています。それは本当に欲しいモノなのか、実はそのモノがもたらすコトが本当の価値なのではないかとマインドを変えてみる。そこから、よりサステナビリティに配慮されたイベントに近づくヒントが見えてくるのではないでしょうか。前述したR-Ladder（10R）も組み合わせることで、モノを次々と消費し、廃棄するスタイルから脱却するプランニングが現実的になると思います。

POINT

「モノ」から「コト」への流れは、サステナビリティとは好相性。モノがもたらすコトが本当の価値なのでは？とマインドを変えてみることで、ヒントが見つかるかも。

マインドスイッチ

11

その人が社会（イベント）に適合できないのはやむをえない

SWITCH!

誰もが＿＿＿＿＿＿できる場所（イベント）をつくろう

精神疾患のある人が雨水で作るビール

サステナビリティというと環境についての取り組みに目が行きがちですが、持続可能な社会を実現するには、様々なバックグラウンドの人が生きがいを持って暮らすことができる機会を生み出すことも必要不可欠です。

２００２年にアムステルダムで創業した「Brouwerij De Prael（ブリュワリー・デ・プラエル）」という醸造所では、他で仕事を見つけることが難しい、双極性障害や統合失調症などの精神疾患のある人たちを雇用しています。オランダの醸造所としては初めての取り組みで、現在ではアムステルダムの隣町ザーンスタッドにある「Brouwerij Breugem」などでも同様の取り組みが行われています。

精神疾患のある人たちを雇用する醸造所「Brouwerij De Prael」。（撮影：西崎龍一朗）

プラエルでは様々な人にやりがいを持って働きお金を稼ぐ機会を提供していますが、もちろん環境についての取り組みも忘れてはいません。

この醸造所では、雨水を集めてアップサイクルしてビールを作っているのです。雨水と聞くと意外に聞こえるかもしれませんが、実は中世のオランダでは広く行われていることでした。

大聖堂や教会などの建物は屋根が大きく効率的に雨水を集めることができたため、当時はこうした建物の近くにビールの醸造所があったと言います。環境と社会にポジティブなインパクトを生み出すマイクロブリュワリーのクラフトビールとなれば、いつもより三倍増しでおいしいのは間違いありません。

人も製品も循環する自転車修理ショップ

アムステルダムの自転車修理ショップ「Recycle（リサイクル）」も、非常に興味深い取り組みの拠点となっています。もともとは電車車庫だった建物をホテルやフードコート、デザイナーズショップなどが並ぶ商業施設にした「De Hallen（デ・ハレン）」内にある同店では、自転車や自転車アクセサリー製品の販売と、特に古いクラッシック自転車の修理と修復・販売を行っています。

古い自転車の修理には多くの手間と時間がかかるため、値段は高くなりますが、特別なストーリーのある自転車が購入できます。自転車の修理には、研修を積んだ修理工たちが当たっていますが、実はここで働く修理工たちは、精神的な弱さを持つ人、依存症に苦しんだ過去や受刑歴を持つ人たちです。このショップでは、こうした人たちを、愛情と時間をかけて訓練し、社会的つながりや仕事を通じて回復する機会を与え、また社会に改めて参加することを促しています。

製品だけでなく、人をもリペアする、というわけです。人生は一度間違えたらもう

古いクラシック自転車の修理を行う「Recycle」。（撮影：西崎龍一朗）

機会がない。合わなければそれでおしまい。そんなことはないはずです。資源と同じように、人もまた様々な変化を経て今この社会を織りなしているのです。

こうした、様々な変化を乗り越えようとしている人たちが活躍し、生きがいを持って生きることができる社会こそが豊かなのではないでしょうか。

POINT

サステナビリティは環境の話だけではない。うまくいかなかった人や失敗した人でも、何度でもやり直せる社会には持続可能性がある。

マインドスイッチ

12

イベントは一部の人が居心地が悪くてもしょうがない

SWITCH!

誰にとっても＿＿＿＿＿＿な イベントにしよう

DGTLはDEIの取り組みも先進的

ここまでたびたび紹介してきたアムステルダムの音楽フェスティバルDGTLは、環境だけでなくDEIへの取り組みも先進的です。フェスティバル開催の目的を「最高の音楽体験を提供すること」としている彼らは、この体験を「誰にとっても」最高のものにすることを大切な使命の一つとしています。

多くの人は、開放感と自由を楽しむために音楽フェスティバルに参加します。しかし、開放感と自由を楽しむあまり、制限のない空間である感覚に陥る人もいます。実際に、音楽フェスティバルでは女性やLGBTQ+当事者に対するハラスメントや暴行が多く起きている現状が度々問題視されてきました。

こうした現実を変えていくため、DGTLは次のような取り組みを行っています。

「誰にとっても」最高な音楽体験を

新型コロナによるロックダウンが明け、初開催となった2022年。DGTLの会場内には、「心地よい場所（あなたにとってではない）」という意味の、「(NOT YOUR) COMFORT ZONE」という区画が出現しました。

すべての人に安全なスペースを提供するために設けられたこの場所には、バス停に見立てられたブースが並びます。例えば、セクシュアルハラスメントを許容しないために、性暴力やハラスメントに介入したり、助ける方法を学ぶことができるブースがあります。自分が当事者として助けを求める方法や、他の人が対象になっている場合に適切に介入する方法を理解することができるのです。

この取り組みが2022年に始まった背景には、コロナ禍で社会経済が大きな影響を受ける中、最も打撃を受けたのは社会の中でマイノリティとして脆弱な立場にある人たちだった、という事実があります。

来場者に教えるだけではなく、会場内はこうしたハラスメントや暴行への対処・介入方法について研修を受けたスタッフ「Awareness Crew」が見回りもしています。他の業務と兼務ではなく、その目的だけのために会場に配置されている専任のスタッフです。そのためトラブルの早期発見と介入が可能になります。

また、スマホからメッセージで事務局に直接ハラスメントや暴行などを相談・報告できる仕組みもあります。トイレの中に貼り紙がしてあり、「ダンスフロアはすべての人のために」と書いてあります。QRコードをスキャンするとWhatsAppというアプリ（日本でいうLINEのようなアプリ）で即座にメッセージを送ることができるようになっています。

様々なアイデンティティを知るきっかけを提供する

2024年のDGTLには、色とりどりでポップなイラストで彩られたバスが登場しました。「Music Moves」というNPO団体が運営するこのバスは、移動のために使われるものではありません。

様々なセクシュアリティの人とともにコミュニティを織りなすための取り組みで、

ロックダウンから明けて初開催となるDGTL音楽フェスティバルに出現した「心地よい場所（あなたにとってではない）」のエリア。（写真提供：DGTL）

特に女性やマイノリティが安全でない状況を作らないために会場に配置され回遊する「Awareness Crew」。（写真提供：DGTL）

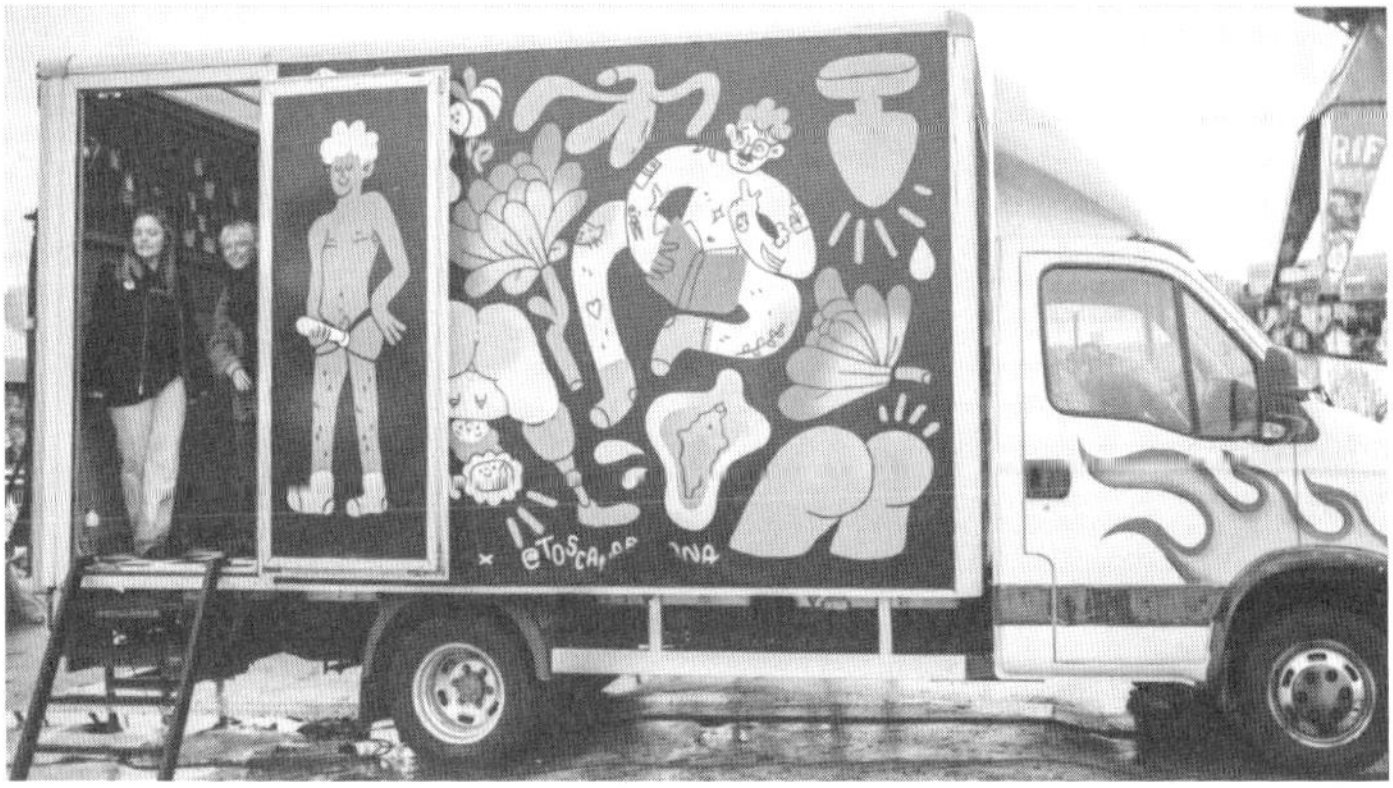

様々なセクシュアリティやアイデンティティについての理解を深められる「Music Moves」のバス。（写真提供：Music Moves）

ＬＧＢＴＱ＋当事者の視線で描かれた映画を上映したり、電話で自分のアイデンティティについて話してみたり、瞑想をしたりできます。このバスが、自分自身のアイデンティティに気づくきっかけとなる参加者もいるかもしれません。

様々なアイデンティティや性的指向の人がごく当たり前にいることを伝え、それが豊かな社会にとって欠かせないことだというメッセージを発信しています。

POINT

様々な人が集まるイベントは、社会の縮図。すべての人に楽しんでもらうために、主催者が情報を発信したり、来場者に働きかけることは、社会でＤＥＩを実現することにつながる。

COLUMN 街を歩いて ストックホルム編

環境によい行動をすることにインセンティブを持たせる

ストックホルムの視察では、One Planet Caféのペオ・聡子さん夫妻（52ページ）に街を案内いただきました。ある日のランチは、ヴィーガンバーガーショップ。人生初のヴィーガンバーガーを食べ、満足感に浸りながら店を出ようとした時、突然ペオさんがこう言ったのです。

「この空き缶は捨てずに持って街に出ましょう」

少し面食らいながらも、おとなしくドリンクの空き缶を持って外に出て、歩くこと数分。階段を下りて地下街に入ると、そこには自動販売機のようなものが数台並んだ空き缶・ペットボトルステーションがありました。

案内に従って空き缶を投入し、「寄付」と「換金」から「換金」を選ぶとレシートと共に

1クローナ（日本円で当時約13円）が出てきました。スウェーデンの空き缶にはもともとデポジットがかかっており、空き缶を返却するとデポジットが返ってくるシステムになっているそうです。

面倒くさがって、ステーションまで返しに行かなければ、当然デポジットで支払ったお金は返ってこないため、余計にお金がかかります。一方で、自らの足で返却に行き、資源の回収に協力した人にはお金が返ってくる仕組みです。サステナビリティアクションをした人にメリットを感じさせる仕組みが日常で当たり前になっているんですね。他にも交通機関や商品など、ありとあらゆるところにサステナブルな基準を満たした場合に与えられる認証マーク

スーパーの近隣に設置された空き缶・ペットボトル専用の返却ステーション。
（撮影：松野良史）

が導入されていて、街中がサステナマインドにあふれていました。

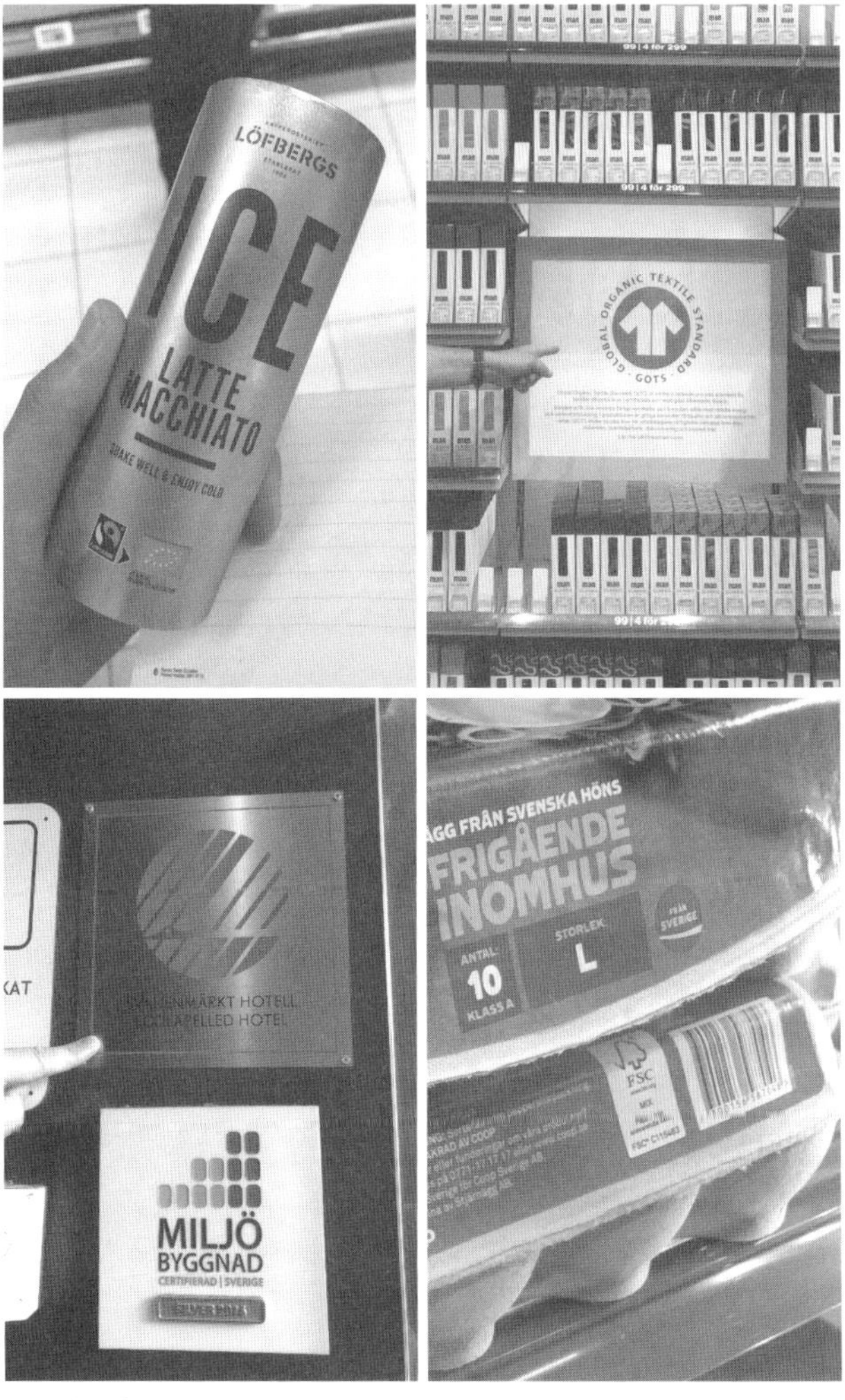

街中で多く見られる認証ラベル。食品や服だけでなく、ホテルや学校、乗り物の認証マークもある。（撮影：松野良史）

容器の底にリサイクル回数表示。
（撮影：松野良史）

環境配慮のためドラッグストアでは飲み残した薬を専用袋で回収。（撮影：松野良史）

第4章

国内イベントのアップデートに向けた取り組み

ひるがえって日本のイベント産業では、サステナビリティへの取り組みはどのくらい進んでいるのでしょうか。業界としての取り組みや国内の先進事例を紹介します。

国内イベント業界の現在地

前章まで、オランダ・スウェーデンの現在地を紹介してきました。オランダの官民一体となったサーキュラー化への取り組みや「Learning by Doing（やりながら学ぶ）」の精神、スウェーデンの環境教育やクリエイティビティなど、学ぶべきところが多くあったのではないでしょうか。日本のイベント業界でも、良いところは残しながら、様々な実践が望まれます。

日本のイベント業界は、そもそもサステナビリティにこれまでどのように向き合ってきたのでしょうか。すべての事業者がそうではないことを前置きしておきますが、世界から目を移すと、正直、遅れを取っていることは否めません。

〈環境視点〉

- 地産地消の意識が低く、環境フットプリントを意識せず海外の安価な資材を調達。

○イベントが終われば当たり前のように毎回廃棄、スクラップ&ビルドを繰り返す。

〈DEI視点〉

○男性優位の構造が根強く、イベント主催会社や制作会社の役員はほぼ男性。

○あらゆる取り組みにおいて、努力義務であれば取り組まない。

どこを切り取っても持続可能性は感じられません。このまま持続できず衰退の一途を辿るのか、それとも成長するのか、今、大きな分岐点に差し掛かっています。

サステナビリティ情報開示の義務化

イベント産業の持続可能性のカギとなる環境視点でのトピックですが、第1章でも触れた通り、日本でも温室効果ガス（GHG）排出量に関する開示基準が2025年3月中に確定され、以降は開示が任意適用となり、2027年3月期には強制適用が開始される見込みです。企業はこれに則り、自社の事業活動に伴って排出されるすべてのGHG排出量を開示しなければならないのです。

開示を求められるのは、事業者自らの燃料の燃焼や製品の製造などを通じて発生す

上流

Scope 3

Scope1、Scope2以外の間接排出（事業者の活動に関連する他社の排出）

①購入した製品（原材料など）・サービス

その他：②資本財、③Scope 1・2に含まれない燃料およびエネルギー関連活動、④輸送・配送、⑤廃棄物、⑥出張、⑦雇用者の通勤、⑧リース資産

自社

Scope 1

事業者自らによる温室効果ガスの直接排出（燃料の燃焼、工業プロセス）

燃料の使用

Scope 2

他社から供給された電気、熱、蒸気の使用に伴う間接排出

電気の使用

下流

Scope 3

Scope1、Scope2以外の間接排出（事業者の活動に関連する他社の排出）

⑪製品の使用　⑫製品の廃棄

その他：⑨輸送・配送、⑩製品の加工、⑬リース資産、⑭フランチャイズ、⑮投資

（経済産業省 資源エネルギー庁「知っておきたいサステナビリティの基礎用語」をもとに作成）

る排出量を示すスコープ1、他社から供給された電気・熱・蒸気などを使う際の間接的な排出量を示すスコープ2、加えて、原材料や部品の調達から、販売後の利用、その後の廃棄にいたるまでのサプライチェーンを通して排出される温室効果ガスを示すスコープ3まですべてが対象となります。このスコープ3には企業がイベント・プロモーションなどを行う際に、そのサプライチェーン上――つまり、イベントの設営や設営に必要な建材・機材、出張、提供する飲食物やそれに際する人の移動、宿泊などに関わる温室効果ガス排出量も含まれるのです。

開示基準の強制適用は、はじめは時価総額3兆円以上の上場企業が対象となり、その後それ以外のすべての上場企業に適用される見通しです。モノがつくられ廃棄されるまでのサプライチェーンにおける温室効果ガスを見通すことができるので、排出量削減のためには非常に有用である一方で、サプライチェーン上にいる私たちや制作会社を始めとするイベント設営・運営・廃棄に関わるすべての企業が該当する情報を収集し、提供する必要が出てくるのです。

企業にとってスコープ3に該当するイベントは、自社のスコープ1~2同様に、GHG排出量を可視化し、削減に努めなければならないのです。

国内でも、イベントを始めとするスコープ3の温室効果ガス排出量の可視化と削減に貢献するサービスや製品へのニーズが高まり、様々なビジネスが生まれることが予想されます。

障害者差別解消法の改正

DEI視点でもトピックはあります。第1章で触れた通り、障害者差別解消法が改正され、2024年4月より施行されています。同法律は、障害のある人もない人も、互いに、その人らしさを認め合いながら、共に生きる社会を実現するためのものであり、行政機関等および事業者に対し、障害のある人への障害を理由とする「不当な差別的取扱いを禁止」し、障害のある人から申し出があった場合に「合理的配慮の提供」を行うことを通じて共生社会を実現することを目指しています。

そのうち、「合理的配慮の提供」について、これまで行政機関等では義務として、事業者では努力義務として、それぞれ取り扱われてきましたが、事業者においても義務化されました。合理的配慮とは、障害のある人の活動の制限につながるような日常生活の中の様々なバリアを取り除くために、必要かつ合理的な対応をすることを指します。

障害のある人から、何らかの対応が必要である意思が示された場合には、民間企業でも合理的配慮の提供が必須となり、イベント現場でも、合理的配慮の提供は実装しなければなりません。

取り組まないとどうなる？

サステナビリティへの取り組みは「やったほうがよい」から「やらなくてはならない」に確実にシフトしていますが、取り組む過程で様々な気づきや学び、新たな人脈などが生まれ、自己成長のチャンスにもなります。一方で、取り組まなければ、発注先としての選択肢から外されて失注、あるいは競合コンペなどに参加したとしても評価されないなど、衰退の一途を辿る、という現実が待ち構えています。

イベント関係者一人ひとりが現状に危機感を持ち、対岸の火事ではない、と自分ゴト化する必要があります。サステナビリティは、言葉の通り終わりのない旅であり、常にアップデートが必要になり、とても大変ですが、できることから一つひとつ、携わる業務へ実装していけば、道は開け、ひいては日本のイベント業界の発展にもつながるのです。

日本でのサステナブル事例紹介

事例1　ソーラーでロックする「再エネ１００％」の音楽フェス

岐阜県中津川市で開催されてきた音楽フェス「中津川 THE SOLAR BUDOKAN」は、なんと１００％再生可能エネルギーを使用して運営されることで知られています。

３万人以上を動員する野外ロック・フェスティバルで、中津川での初開催となった２０１３年より毎年、会場に設置された５００枚以上のソーラーパネル、バイオマス発電機、リチウムイオン蓄電池で設計される再生可能エネルギーシステムでコンサートの運営に関わる全ての電力をまかなっています。「太陽光でロックする」を謳い文句に、再生可能エネルギー１００％で豊かな自然を守りながら音楽フェスを実現することをポリシーにしているのです。

中津川 THE SOLAR BUDOKANは音質がいいと言われており、その良さに魅了される人も多くいます。ソーラー蓄電池は近距離で独立電源であるため、電気自体にノイズが少なく、それが音に影響するのだとか（様々な発電所からの電気が混在して送電されてくる商用電源では電波に微量なノイズが発生するそうです）。

イベントの来場者は、イベントを楽しみながら環境への取り組みを知ることができます。オーガナイザーであるミュージシャンの佐藤タイジさんはこのイベントを実現するために、これまで環境について関心のなかった人々や、イベントに関わる関係者、地元の蓄電池開発メーカー、また地域ボラ

500枚以上のソーラーパネルを会場に設置して開催される「中津川 THE SOLAR BUDOKAN」。

ンティアとの協力体制を地域内で構築しました。地域経済への波及効果も高いといいます。

東日本大震災を契機に始まった

この素晴らしい取り組みの背景には東日本大震災が大きく関わっています。当時、ロックバンド「シアターブルック」のボーカル兼ギターを務めていた佐藤さんは、震災直後から被災地支援活動に積極的に取り組んでいました。しかし、原発事故の影響で、音楽活動を取り巻く環境は大きく変化します。

そんな状況の中、佐藤さんは音楽の力で未来へつなぐ方法を模索します。そして、たどり着いたのが、原子力発電に頼らない、太陽光発電のみで電力をまかなうソーラーフェスでした。

「今までのライブと同じようにやっても何も変わらない。だったら、ライブで使う電力を太陽光で発電しよう。原発に頼らない未来を拓いていこう」。再生可能エネルギーの可能性を自ら体現し、環境問題への意識を高める場にしたいという佐藤さんの思いが、周りの人々や来場者にも伝わり、動かした。だからこそ、今日まで人々を引き付けるイベントとして開催し続けることにつながったのでしょう。
2024年は残念ながら開催がないようですが、今後もぜひ続いてほしいイベントだと思います。

中津川は、日本の野外コンサートの草分けとなったイベント「中津川フォークジャンボリー」の発祥の地でもあります。これからの未来の可能性を示すための具体的なアクションを行うためには最適な場所だったと言えます。

太陽光発電以外にも、サーキュラーエコノミーを体現する取り組みを実施

中津川 THE SOLAR BUDOKANでは、再生可能エネルギーの取り組みだけではなく、リユースカップを導入し廃棄物削減へつなげています。リユースカップの購入者は通常より安くドリンクを飲むことができるインセンティブ設計を行っており、行動変容につなげる仕組み化が上手なのです。

また「オリジナルもみ殻リユースカップ」は福島県の酒蔵で日本酒製造時に出るお米

のもみ殻を51％以上配合したリユースカップで、ペットボトルやプラスチックごみの削減に加え、売上の一部はカーボンクレジットの購入に充てられます。

さらに、通常このようなイベントでは子どもの入場に制限がある場合が多いですが、このフェスティバルはファミリーフレンドリーなイベントとしても位置づけられており、小学生（12歳）までの子どもは保護者同伴に限り入場無料です。会場内では「こどもソーラーブドウカン」として、子どもたちが遊んで学べるスペースが設けられ、家族で楽しめるステージやワークショップが豊富に用意されています。

このような取り組みは、核兵器廃絶宣言都市である中津川市として、平和の大切さ、環境への取り組みを実感できるフェスティバルを目指しているという背景にもつながります。自然と調和し、世代を超えて楽しめるサステナブルなロックフェスティバルの姿勢は、多くの参加者にとって魅力的であり、私たちイベントプロフェッショナルにとっても新たなインスピレーションのきっかけになるのではないでしょうか。

事例2　日本の建築業界にも「マテリアルパスポート」導入の動き

日本では法律上、会場および出展者の施工に伴う産業廃棄物は施工会社（元請け）のマニフェスト管理のもと、産業廃棄物業者が収集、運搬、中間処分から最終処分を行うという流れで処理が進んでいきます。イベント業界のみならず建築業界にとって大量の廃棄物処理は解決すべき課題の一つとなっています。サーキュラーエコノミーを実現し資源を循環させること、さらには廃棄処理によるビジネスではなく再資源化がビジネスとなるような仕組みづくり、構造を考え直す必要があります。

第3章で紹介した「マダスター」を日本でも導入すべく、大手ゼネコンである大成建設が業界標準化を目指した取り組みを進めています。

建設物に使用される建材・設備は多種多様であり、調達から解体までのライフサイクルも長期間にわたります。そのため、CO2排出量のみならず建設物のライフサイクル全体で使用される建材・設備を統合して管理する仕組みづくりが急務となっています。

大成建設によると、持続可能な建築を行うには次の3つの定量化が重要な要素となります。

- 資源循環率
- リユース率
- デタッチャビリティ（建設物から建材・設備を容易に解体・分離できる度合い）

日本の建築・建設を担う企業がマダスターのような仕組みを導入することには大きなメリットがあります。設計段階から資源循環性が高く、温室効果ガス削減にも配慮した建設物のライフサイクルを踏まえた効率的な計画策定、維持管理を可能とし、解体時には建材ごとに再資源化の程度も予測することができます。建設物を資源の貯蔵庫（バンク）と捉える「マテリアルバンク」としての機能を付与する可能性も期待されます。

特に都市部では保管スペースが限られているため、建築資源の保管場所を別途確保するのではなく、建設物自体を資源置き場としていく考え方です。これらの取り組みを進めることにより、都市部が抱える課題と循環型社会および脱炭素社会の形成にも貢献できるわけです。

成功のカギはアライアンスによる業界標準化

この取り組みは、どこか一社が独占的に行うのではなく、アライアンスを組んで進まないと成功させることはできません。マテリアルパスポートの業界標準化を目指して、大成建設では同業他社である大手ゼネコンとの横のつながりを持つべく、現時点でも幅広く協業を募っています。

また、ＥＵの業界標準値と日本のものとではデータベースとフォーカスが違っている箇所があり、日本における再分類や下準備を誰がやるのか、またメーカーからの情報をどこまで正確に開示してもらうことを標準とするか、といった点を業界として統一していくことが現在の論点です。この目的でも、同業他社が膝を突き合わせて協力していくことが求められます。

イベント業界が与えられる効果

アライアンスによる取り組みとしては、自治体が主体となってスモールスタートを切っている例もあります。鎌倉市はイベントで移動型の資源回収ステーションを設置したり、ミニパビリオンにおけるアップサイクルを体験できる参加型のイベント「鎌倉ゼロウェイストステーション」などを行いながら、地域と共創を行っています。イベントを起点にして、地域のごみを減らしていくことにつながったり、その地域がより住みやすい環境になったりと、好循環を生もうとする取り組みです。

小さなイベントを起点に資源循環の取り組みを着実に進められれば、これが地域規模の小さな経済圏を生み出し、都市全体をサーキュラーエコノミーの仕組みに変えていくことにつながると思います。

資源の循環を小さく地域の中でつくりながら、その情報やノウハウはエリアを超えて広く共有していく。イベントもその役割の一部を果たせると考えてみると、より広がりが見えてくるのではないでしょうか。

まずは「共創」、あとで「競争」サステナブル・イベント研究会（通称：サス研）

「はじめに」でも書いたように、私たちもサステナブルなイベントに取り組み始めた2年前からこそ意識し始めましたが、それ以前は全くこうしたトピックに興味を持っておらず、「自分ゴト」ではありませんでした。自分で本格的に取り組み出して改めて、私たちイベントプロモーション業界の人たちの意識にあるサステナビリティは、まだまだ自分ゴトになっていないと痛感しています。

企業が自社製品を作る過程でサステナビリティを意識することは増えてきましたが、その製品をＰＲするイベントまで、その意識が行き届いていないことがまだまだ多いのです。せっかく自社の製品をサステナブルな考え方で作っているのに、生活者と直に触れ合うＰＲの場で実践されていないのは、とてももったいないと思います。

もちろん電通ライブ社内においても同様です。サステナビリティ領域での取り組みは、クライアントだけ、制作会社だけでなく「一緒に」行うことが非常に重要です。本章では電通ライブ社内のサステナビリティ専門チーム「サステナブル・イベント研究会（通称：サス研）」での取り組みについて紹介します。

繰り返しになりますが、地球規模の課題に向き合うには、個人（個社）単独の活動では限界があります。まずは業界関係者が「共創」で一致団結し、サステナビリティに配慮できる環境が整った後に、これまで通りの「競争」で切磋琢磨できる社会をつくっていくことが必要不可欠なのではないでしょうか。

対話を生み、自分ゴト化を進めるための「サステナブルイベントガイドライン」

サス研の取り組みの一つ目は、サステナビリティに配慮したイベントガイドラインとチェックリストの制定です。２０２２年１月から本格的に制作を開始し、同年12月に「環境編」、翌年６月に「ＤＥＩ編」を発表しました。この２つは、共創という理念のもと、イベントプロモーションに関わる方々（もしくはそうでない方にも）に積極的に使っていただけるよう、電通ライブのウェブサイトで一般公開しています。

ガイドラインと聞くと、ルールブックのようなものをイメージされるかもしれません

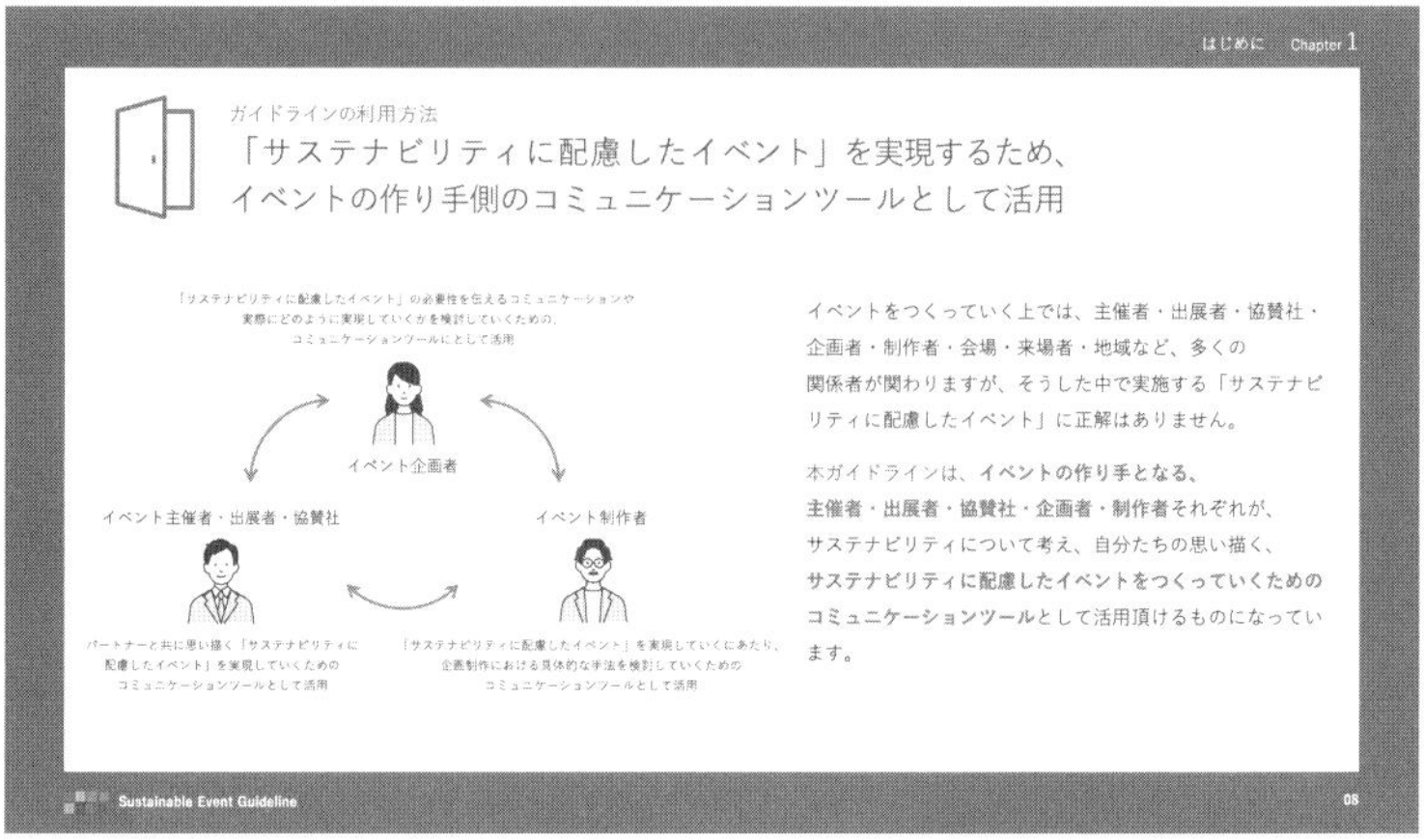

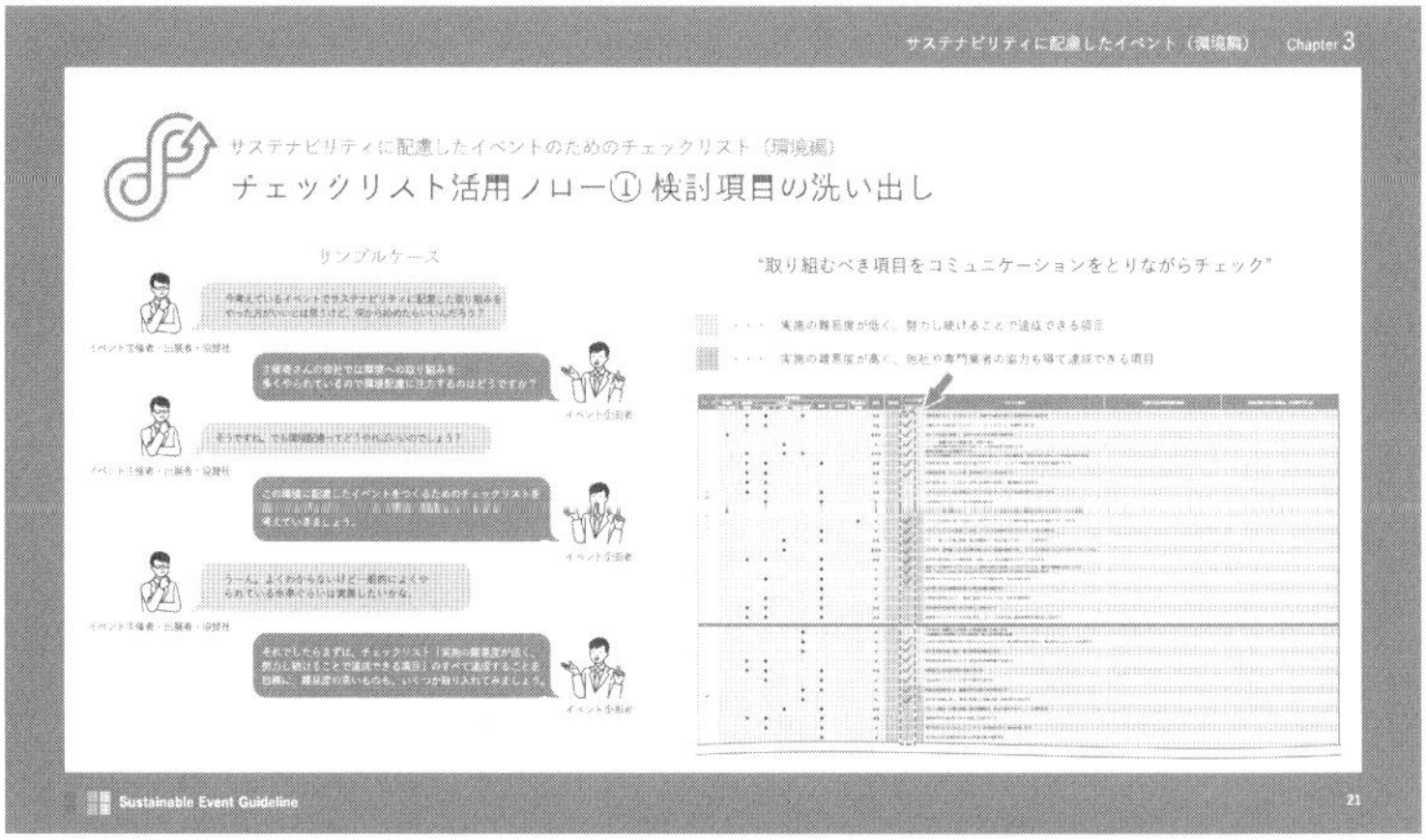

「サステナビリティに配慮したイベントガイドライン」より。
イベントの作り手（主催者、協賛社、企画者、制作者）全員で、どんな取り組みをどこまで行うか話し合うためのチェックリストがついている。「環境編」と「DEI編」の2種類を作成。

が、そうではありません。イベントの作り手である主催者・協賛社・企画者・制作者が、サステナブルなイベントをつくりあげるためにはどうしたらよいかを考えて会話するための、コミュニケーションツールとして作りました。

ルールブックにしなかった理由はシンプルで、サステナビリティの取り組みは考え方も様々で、正解が一つではないためです。取り組むべき領域も一つではなく、環境の中にも「廃棄物削減」「省エネルギー化」、DEIだったら「ユニバーサルデザイン」「ジェンダー問題」といった具合に、様々なテーマがあります。

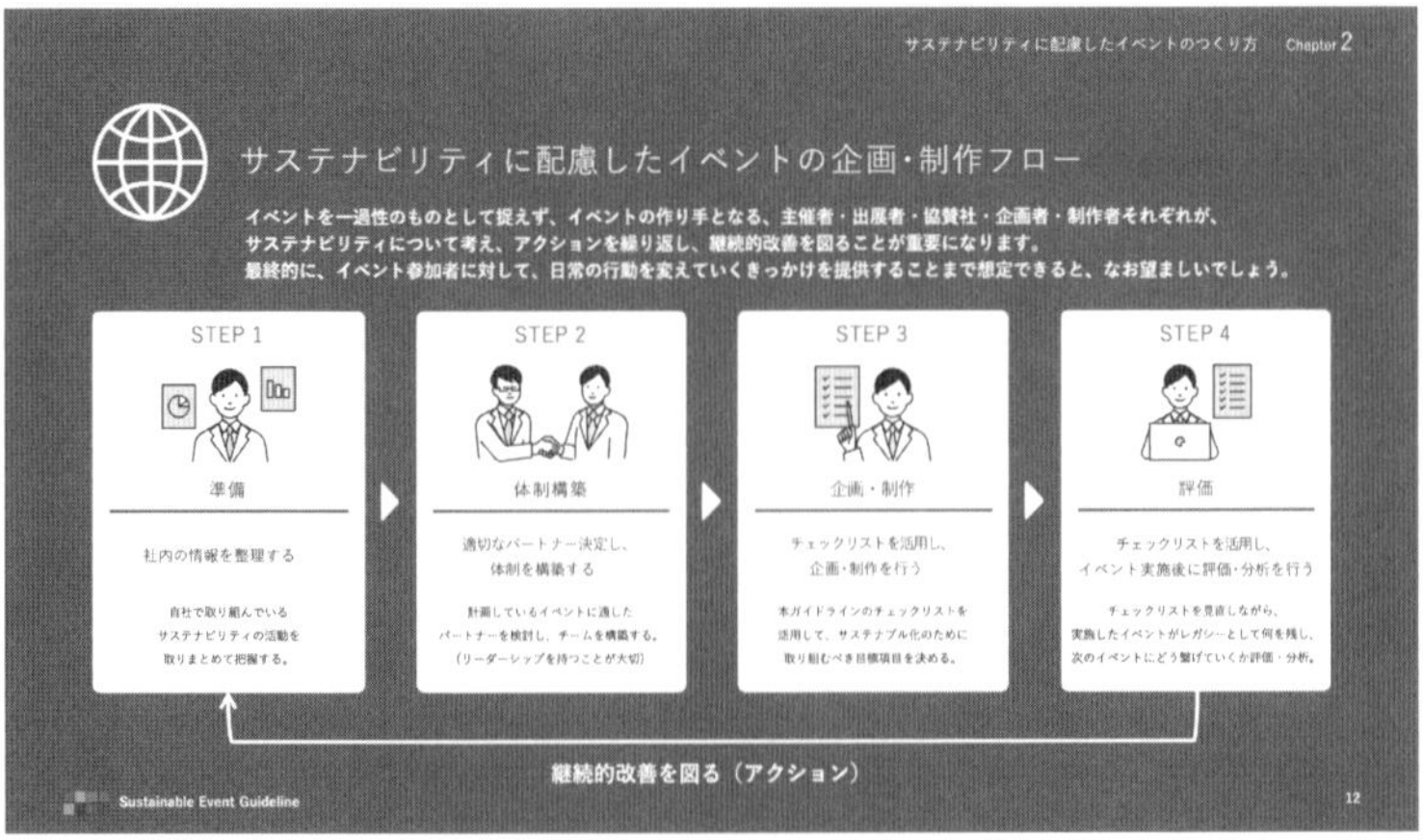

ガイドラインより。毎年同様のイベントを実施する場合、
振り返りによる継続的改善を行うことが大切。

そういった多様なテーマの存在にまずは気づいてもらい、自分たちが取り組めることを見つけて一歩踏み出してもらう。そのためのツールを目指しました。重要なのは、いきなり百点満点を目指す必要はないということ。まずは一歩踏み出して、今回はここまでやろう、それを振り返って、次回はここまでやろうと、振り返りと実践を繰り返していくような使い方を想定しています。

こうして徐々に関係者の認識が「自分ゴト化」していくことで、サステナビリティに配慮したイベントが完成していくのではないかと思っています。

サステナブルイベント協議会の発足

サステナブルイベント協議会は、２０２３年10月にスタートしました。協議会はイベントプロモーション業界で大手と呼ばれる丹青社、電通ライブ、乃村工藝社、博報堂プロダクツ、ムラヤマ（50音順）の5社で構成されています。普段は競合関係になることもある会社同士ですが、一社一社が単独で動いてもできることは限られている、という認識は共通していました。サステナビリティ領域は「競争」の前に「共創」していくことが重要。業界関係者が手を組んでイベントプロモーションにおけるサステナマインドを根づかせることを目指して走り出したのです。

初の活動はキッザニア出展実現したからこそ関係各社に訴求できた

「まず何をやりましょうか?」という会話が皆の最初の問いでした。イベントプロモーションのサステナマインド醸成および協議会活動のPRを目的として取り組みを話し合った結果、サステナブルイベント協議会としてイベントに出展、そこに来場された方に向けてサステナビリティアクショ

サステナブル
イベント協議会
Sustainable Event Council

Tanseisha　DENTSU LIVE　NOMURA　・PRODUCT'S・　Murayama

サステナブルイベント協議会ロゴと参加企業。

ンおよび活動のPRをしていくことになりました。

PR第一弾として選んだのは、コロナ禍を経て4年ぶりに実施された「ジャパンモビリティショー2023」（以前の東京モーターショー）です。当初はジャパンモビリティショーのどこかにブースを出すことを考えていました。しかし、併催で子どもたちに職業体験を提供するエリアを設けることが決まっており、ここに出展することにしました。通常は自動車メーカー各社がクルマ業界のお仕事を小学生に体験してもらうために出展するのですが、モビリティショー自体を作っている制作会社の仕事体験をしてもらうという企画で「サステナブル・イベント スタジオ」ブースを出展することになったのです。

このブースを訪れた子どもたちは、下記の流れでイベントプランニングを体験します。

1 オープニング

イベントデザイナーが留意するサステナビリティ視点を、子どもたちにブリーフィング。

2 クライアントからのオリエンテーション

通常の業務と同様、クライアントである広告主（この場合は自動車メーカー）からのオリエンテーションをきっかけに作業がスタート。

「ジャパンモビリティショー 2023」に協議会として出展した
「サステナブル・イベント スタジオ」。

3 模型制作

通常のデザイナーの作業プロセスと同様に、まず車両を選択。その車両をスタイリングするように、床材、壁面、ステージ、装飾をサステナブルな素材から選定し、模型を制作。作品数は281に上りました。

4 振り返り

模型完成後、子どもたちは自分が作った模型を他の子どもたちにプレゼンし、その後、先輩デザイナー役の協議会メンバーが講評。サステナブル素材について解説された見開きのチラシに、自分の名刺（肩書き：イベントデザイナー）、模型の写真を添付し、プレゼント。

結果、サステナブル・イベント スタジオへの来場者は合計312名。予約枠ほぼ一杯の人気ぶりで、なによりも子どもたちが皆、生き生きと楽しんでいたのが印象的でした。協議会メンバー5社の社員83人も「先輩デザイナー」のサポーターとして参加したため、自社内でサステナビリティを自分ゴト化してもらうという点でも貢献できました。

子どもたちには、イベントづくりという場でのサステナビリティ配慮の取り組みを紹介するとともに、華やかなイベントの裏側を支える「イベントデザイナー」の仕事についても知ってもらうことができました。サステナブルな素材・取り組みについて興味を持ってもらい、イベント業界の存在感も訴求することができたと思います。また、隣接する広告主ブースに出展していた自動車メーカー各社からも注目いただくことができました。

新たなチャレンジに向けてワークショップツール開発中

翌2024年度は、大人（出展企業や主催企業のサステナブルイベント宣伝・企画担当者）向けに、サステナブルイベントに取り組む価値を理解・体感いただくことを目的としたワークショップを開催することを計画しています。

協議会メンバーがファシリテーターとしてワークショップを進行し、ワークショップに参加した人にサステナマインドが芽生えるようなツールを開発中です。また、引き続き、協議会メンバーが社会課題の解決にチャレンジしていくことにより、協議会自体の認知度を高め、ひいてはイベント業界の変革にもつなげていきたいと考えています。今後、国内外の有識者とも連携を取りながら、サステナブルイベントを発展させていきたいと思っています。

COLUMN

アムステルダムの街はヴィーガンレストランだらけ

実は、オランダはヨーロッパで最も肉を食べない人が多い国です。オランダ中央統計局が2020年2月から6月に実施した調査によると、回答者のうち80％が「肉を毎日食べない」、45％は「肉は週に4回かそれ以下しか食べない」と回答。3分の1は、前年と比べ肉を食べることが減ったと回答するなど、オランダ人の「肉離れ」が進んでいることが明らかになりました。

これは、オランダの進めるサーキュラーエコノミー戦略に関係しています。この戦略によると、環境負荷を減らすためにオランダは2030年までに肉の消費を50％削減する目標です。これは、2020年の年間1人あたり平均45・3キロから、23・1キロにまで減らすことを意味します。

実際に、街を歩いていると数多くのヴィーガンレストランがあることに気づきます。ヴィーガンバーガーやヴィーガン寿司、第3章で紹介したプラントベースのラーメンなど、ありとあらゆるものが植物性のレシピでおいしく食べられることに驚きます。また、スーパーマーケットに行けば、お肉コーナーと同じくらいの面積が植物性の肉代替食品の売り場に割かれ、棚一面に並んでいるのです。

ごく当たり前に、様々な場所でプラントベースの食事や食材が手に入るので、我慢しなければいけないということもありません。先述のDGTLでも、フードコートに肉を使った料理は一切なし。一番人気のヴィーガン・バーガーのスタンドには長蛇の列ができていましたし、バーガーを食べていた人のなかには自分が食べていたのがプラントベースだと気づいていない人もいたほどです。

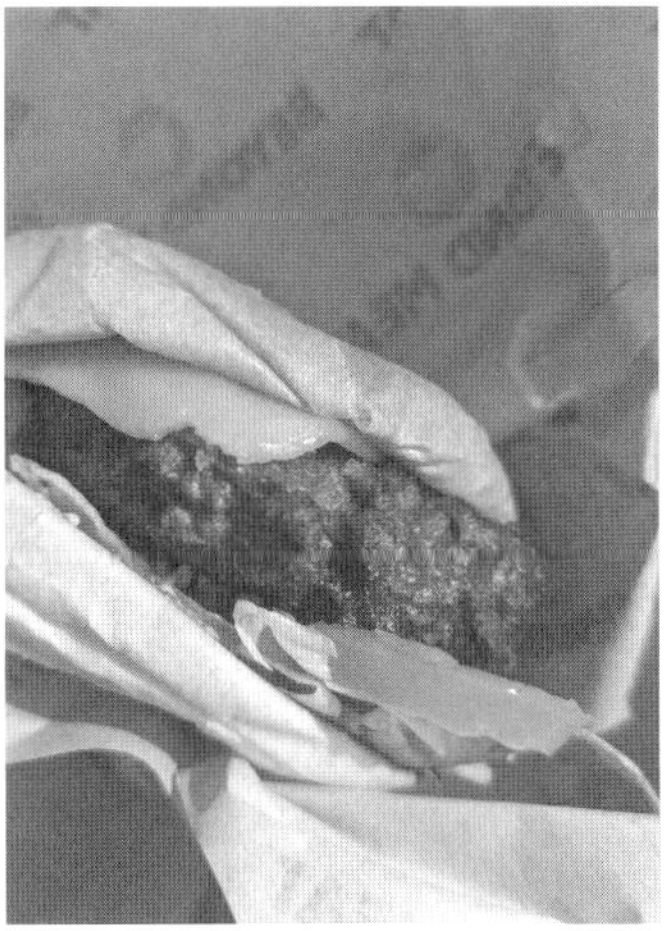

DGTLの会場で提供された、100%プラントベースの肉厚バーガー。（撮影：西崎こずえ）

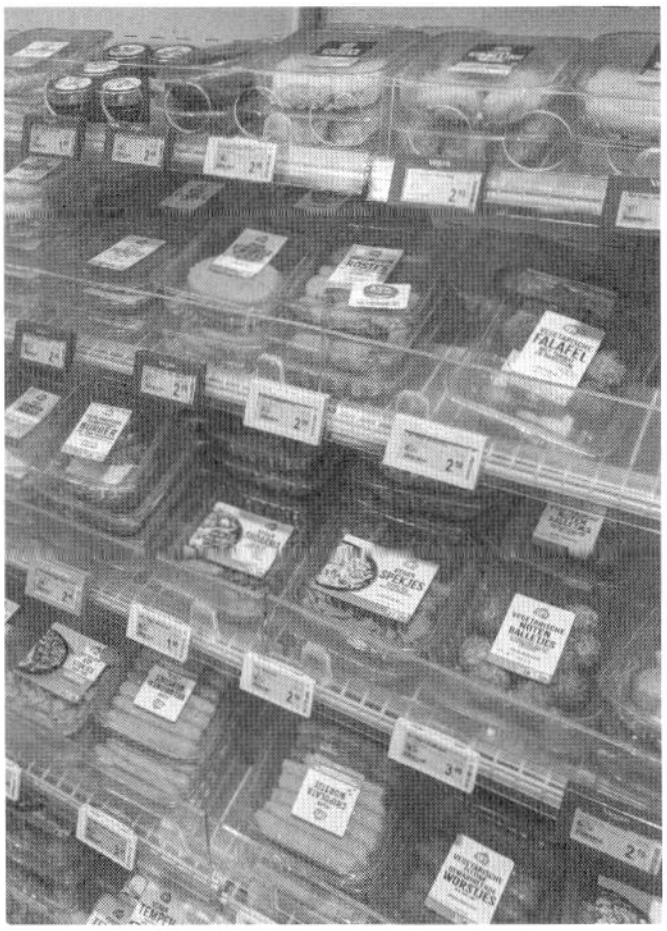

スーパーの棚に並ぶ、プラントベースの肉代替食品。（撮影：西崎こずえ）

また、メニューの並べ方にも工夫があります。これまでのように、メニューに書く順番を「鶏肉」「牛肉」「魚」「ベジタリアン」といった具合に並べては、ベジタリアンの箇所まで読まない人も多くいたため、多くのレストランはこうした分け方を廃止。様々な食材の食事メニューを合わせて記載し、特にプラントベースと肉が2種類ある場合は、プラントベースのものを先に記載することで、こうしたメニューを頼みやすいように誘導しています。

実際にこのような並びにしたほうがプラントベースのメニューを頼む人が多くなることもわかっていると言います。また、このようにヴィーガンのメニューをデフォルトで用意すると、より多くの人が楽しめるメニューを提供することにつながります。

宗教や信条によって、豚肉を食べない人、牛肉を食べない人、ハラルフードを食べる人など様々な人がいるなかで、プラントベースの食事を前提に提供すれば、それぞれ別々のメニューを作らなければならない状況を回避することができます。

また、ベジタリアンの人からよく聞くのが「食事提供側にベジタリアン対応メニューの用意がなく、レタスにドレッシングをかけたものだけを無造作に渡された」というようなエピソード。こういった対応をされると、自分はここにいることが歓迎されていない気持ちになるといいます。

丸囲みの「V」マークがついているのはすべて動物性食材を使わないヴィーガンメニュー。こうした並びのほうが先入観を感じにくい。
（撮影：西崎こずえ）

デフォルトではプラントベースの食事を提供し、望む人にだけ肉を添えて提供する。こうしたマインドシフトができれば、すべての人に対して「あなたは歓迎されています」「あなたにおいしい食事を楽しんでいただきたい」というメッセージを伝えられるのではないでしょうか。

おわりに

「地球沸騰化の時代が来た」――2023年7月、国連のアントニオ・グテーレス事務総長の発言が世界のメディアで注目されました。これは、同月に世界平均気温が観測史上最高記録を大幅に更新したことに対する発言です。IPCC（気候変動に関する政府間パネル）が発表した第6次報告書によると、最悪のシナリオをたどった場合、2100年には最大5・7度上昇すると予想されています。

とは言え、地球規模の目標だけでは話が大きすぎて、個人では「自分だけの小さな取り組みだとあまり意味がない」「自分はいいや、今回はいいや」などと意識が他人ゴトになっていってしまいがちです。イベントという私たちが携わっている業界自体でも、まだまだそのような他人ゴト意識が強いのが現状です。

では私たちイベント業界はどう行動を起こしていけばいいのでしょうか。そもそもプロモーションというものは人の心を刺激し、行動に結びつけることだと思っています。

そしてヤーコブさんが語っていたように、リアルイベントは様々あるプロモーションの中でサステナ機運を高める絶好の機会となります。私たち制作者自身がまずサステナマインドのスイッチを入れ、そして参加していただく方々の心を震わせ、変化を起こしていく。この書籍を通して、一人でも多くの方の心のスイッチが切り替わり、サステナブルなイベントが企画されるようになり、世の中にサステナマインドが広がる契機となればとても嬉しいです。

一番のポイントは「スモールスタート」「Learning by Doing」。まずはできることからやってみること、そしてやりながら学んでいくこと。失敗してもそれは成功までのジャーニーとしてポジティブに捉えていきましょう。

最後にこの書籍の制作にあたっては数えきれないいくらい多くの方にご協力をいただきました。特に共著者である松野良史さん、西崎龍一朗さんにはそれぞれ現業がありながらも熱意を持って一緒に原稿を執筆いただき、宣伝会議 編集者の刀田聡子さんには右も左もわからない初めての書籍化に対して的確なアドバイス、校正をしていただきました。他にもライティングサポートの西崎こずえさん、ブックデザイナーの三森健太さん、そして書籍化への想いを理解して温かく見守っていただいた所属会社（電通ライブ、ジャパングレーライン）、なによりも一番は休日も部屋に籠ってパソコンを打ち続けるという家族不孝な著者メンバーを近くでいつも応援してくれた家族。他にも多くの方のサポートがあったからこそ出版が実現できました。本当にありがとうございました。

著者を代表して　大高良和

２０２４年10月

著者紹介

大髙良和（おおたか・りょうわ）

株式会社電通ライブ

2012年電通ライブ（旧電通テック）に入社。国内外問わずモーターショーやスポーツイベント、博覧会パビリオンなどの大型イベントスペースプロモーションに従事。「サステナブルイベントを当たり前の世の中に」をテーマに2022年社内サステナビリティプロジェクトチーム、翌2023年にはイベント会社5社によるサステナブルイベント協議会を立ち上げ、ガイドラインの発出やメディアへの出稿、ウェビナー登壇など社内外で積極的に活動。2024年にはイベントにおけるCO_2排出量算出の業界標準化を目指しワーキンググループを先導するなどさらに活動領域を拡大していく。

松野良史（まつの・よしふみ）

株式会社電通ライブ

展示会社での制作職を経て2011年電通ライブ（旧電通テック）に入社。ショールーム・プライベートショー・見本市・博覧会など、企業コミュニケーションを中心としたスペースプロデュースに携わる。サステナビリティを推進する社内PJチームに参画し、サステナビリティに配慮したイベントガイドライン策定やソリューション実践を通じ、社内外のサステナマインド醸成に努めている。

西崎龍一朗（にしざき・りゅういちろう）

株式会社ジャパングレーライン

オランダ在住。イベント産業全体を持続可能にするための「サステナブルイベントネットワーク（SEN）」発起人で運営者。老舗旅行会社の立場からこれまで国内・海外で数々の報奨旅行や表彰イベント、ミーティングなどのMICE案件を手掛け、その中で見えてきた課題やネットワークを活かして産業全体の持続可能化を目指している。

宣伝会議 の書籍

成果を出す広報企画のつくり方

片岡英彦 著

月刊『広報会議』の人気連載が書籍化。「新たな施策に取り組みたいが、どのように企画をまとめたらいいのか」と悩む人に向け、広報企画に必要な視点を整理。マーケティング視点で広報企画を効果的に立案するポイントをまとめた。

■本体2000円＋税　ISBN 978-4-88335-586-0

The Art of Marketing マーケティングの技法

音部大輔 著

メーカーやサービスなど、様々な業種・業態で使われているマーケティング活動の全体設計図「パーセプションフロー・モデル」の仕組みと使い方を解説。消費者の認識変化に着目し、マーケティングの全体最適を実現するための「技法」を説く。ダウンロード特典あり。

■本体2400円＋税　ISBN 978-4-88335-525-9

「欲しい」の本質　人を動かす隠れた心理「インサイト」の見つけ方

大松孝弘、波田浩之 著

ヒットを生み出したければ、ニーズを追いかけるのではなく、インサイトを見つけよう。人を動かす隠れた心理「インサイト」の定義、見つけ方に留まらず、ビジネスで生かすための実践までを豊富な事例とともに解説。

■本体1500円＋税　ISBN 978-4-88335-420-7

言葉ダイエット　メール、企画書、就職活動が変わる最強の文章術

橋口幸生 著

なぜあなたの文章は読みづらいのか。理由は「書きすぎ」、ただひとつ。伝えたい内容をあれもこれも詰め込むのではなく、無駄な要素を削ぎ落とす、「言葉のダイエット」をはじめよう。一文一意、一文は40字以内、カタカナ語禁止など、文章を短く書くための秘訣を公開。

■本体1500円＋税　ISBN 978-4-88335-480-1

詳しい内容についてはホームページをご覧ください　www.sendenkaigi.com

サステナブル×イベントの未来

オランダ・スウェーデンで出会った 12のマインドスイッチ

発行日	2024年11月8日　初版
著者	大髙良和、松野良史、西崎龍一朗
発行人	東彦弥
発行元	株式会社宣伝会議 〒107-8550　東京都港区南青山3-11-13 TEL. 03-3475-3010（代表） https://www.sendenkaigi.com/
装丁	三森健太（JUNGLE）
イラスト	福澤 遼
DTP	株式会社鷗来堂
印刷・製本	三松堂株式会社

ISBN 978-4-88335-615-7